聖賢之道

湯一介

戊子年夏

紫阳学脉

陈来题
乙未孟夏

新编国学基本教材

李耐儒 ◎ 主编

礼记选读

白 坤 ◎ 编注

上海财经大学出版社

图书在版编目(CIP)数据

礼记选读/白坤编注.—上海:上海财经大学出版社,2018.9
(新编国学基本教材)
ISBN 978-7-5642-3018-0/F·3018

Ⅰ.①礼… Ⅱ.①白… Ⅲ.①礼仪-中国-古代 Ⅳ.①K892.9-49

中国版本图书馆 CIP 数据核字(2018)第 090592 号

□ 项目统筹　台啸天
□ 责任编辑　胡　芸
□ 书籍设计　张启帆

礼记选读

白　坤　编注

上海财经大学出版社出版发行
(上海市中山北一路 369 号　邮编 200083)
网　　址:http://www.sufep.com
电子邮箱:webmaster @ sufep.com
全国新华书店经销
上海雅昌艺术印刷有限公司印刷装订
2018 年 9 月第 1 版　2018 年 9 月第 1 次印刷

890mm×1240mm　1/32　7 印张(插页:4)　157 千字
印数:0 001—3 000　定价:26.00 元

"新编国学基本教材"编辑委员会

总顾问
郭齐勇　武汉大学国学院院长　教授

学术指导
沈渭滨　秋霞圃书院首任院长　复旦大学历史系教授
王家范　华东师范大学终身教授
葛剑雄　复旦大学历史系教授
骆玉明　复旦大学中文系教授
杨国强　华东师范大学历史系教授
李佐丰　中国传媒大学文学院教授
梁　涛　中国人民大学国学院教授
赵　林　澳门科技大学特聘教授
温伟耀　香港中文大学客座教授
汪涌豪　复旦大学中文系教授
傅　杰　复旦大学中文系教授
朱青生　北京大学历史学系教授
王　博　北京大学哲学系教授
李天纲　复旦大学哲学学院教授
徐洪兴　复旦大学哲学学院教授
徐志啸　复旦大学中文系教授

林安梧　台湾慈济大学教授
周建忠　南通大学文学院教授
张　觉　上海财经大学人文学院教授
张新科　陕西师范大学文学院教授
鲍鹏山　上海开放大学传统文化研究所教授
刘　强　同济大学中文系教授
陈乔见　华东师范大学哲学系副教授
蔡志栋　上海师范大学副教授
朱　璐　上海财经大学副教授

统筹

孙劲松　向　珂

主编

李耐儒

编委（以姓氏笔画为序）

毛文琦　介江岭　可延涛　白　坤　刘乃溪
刘　舫　孙义文　李宏哲　李　凯　张二远
张　华　张　旭　张志强　张　琰　余雅汝
陆有富　房春草　须　强　赵立学　姜李勤
施仲贞　姚之均　徐　骆　晏子然　黄晓芳

本册编注

白　坤

总　序

秋霞圃书院创办有年,在民间推动国学普及工作,志在以独立之精神、自由之思想为宗旨,促进古今中外文化思想与学术的交流,为中华民族文化的复兴而尽心尽力。其志可嘉,其行可感!

近年,秋霞圃书院耐儒兄主持编撰"新编国学基本教材"。本套国学教材集复旦大学、武汉大学、南开大学、中山大学、华东师范大学、上海师范大学等名牌院校的二十多名青年学人,采各种版本的国学读本之长,广泛吸取中小学一线语文教师的教学经验,精心编撰,是中小学生比较理想的国学读本,也是便于教师们使用的、较为系统的国学教材。

读本的篇目有:《弟子规》《三字经》《千字文》《千家诗选读》《幼学琼林》《诗词格律》《唐诗选读》《宋词选读》《论语(上)》《论语(下)》《史记选读(上)》《史记选读(下)》《大学 中庸》《诗经选读》《孟子(上)》《孟子(下)》《左传选读(上)》《左传选读(下)》《颜氏家训选读》《老子 庄子选读》《墨子 荀子 韩非子选读》《汉魏六朝诗文选》《唐宋文选》《礼记选读》《楚辞选读》《声律启蒙》《笠翁对韵》。每册有指导性概述,有经典原文,有对原文的注释与译文(赏析),并配上文史链接(延伸阅读)、思考讨论等,图文并茂,准确生动,具有可读性与系统性。

梁启超先生说过,《论语》《孟子》等经典"是两千年国人思想的总源泉,支配着中国人的内外生活,其中有益身心的圣哲格言,一部分久已在我们全社会形成共同意识,我们既做这社会的一分子,总要彻底了解它,才不致和共同意识生隔阂"。这就是说,"四书"等经典表达了以"仁爱"为中心的"仁、义、礼、智、信"等中华民族的核心价值观念,这是中国古代老百姓的日用常行之道,人们就是按此信念而生活的。

中国文化的大传统与小传统是打通了的。国学具有平民化与草根性的特点。中国民间流传着的谚语是:"勿以善小而不为,勿以恶小而为之";"老吾老以及人之老,幼吾幼以及人之幼";"积善之家,必有余庆;积不善之家,必有余殃"。这些来自中国经典的精神,透过《弟子规》《三字经》《百家姓》《千字文》《千家诗》等蒙学读物及家训、族规、乡约、谱牒、善书,通过大众口耳相传的韵语故事、俚曲戏文、常言俗话,成为"百姓日用而不知"的言行规范。

南宋以后在我国与东亚的民间社会流传甚广、深入人心的朱熹《家训》说:"事师长贵乎礼也,交朋友贵乎信也。见老者,敬之;见幼者,爱之。有德者,年虽下于我,我必尊之;不肖者,年虽高于我,我必远之。""人有小过,含容而忍之;人有大过,以理而谕之。勿以善小而不为,勿以恶小而为之。"又说:"勿损人而利己,勿妒贤而嫉能。勿称忿而报横逆,勿非礼而害物命。见不义之财勿取,遇合理之事则从……子孙不可不教,童仆不可不恤。斯文不可不敬,患难不可不扶。"朱子说此乃日用常行之道,人不可一日无也。应当说,这些内容来源于诗书礼乐之教、孔孟之道,又十分贴近大众。它内蕴着个人与社会的道德,长期以来成为老百姓的生活哲学。

王应麟的《三字经》开宗明义:"人之初,性本善。性相近,习相远。苟不教,性乃迁。教之道,贵以专。"这就把孔子、孟子、荀子关于人性的看法以简化的方式表达了出来。儒家强调性善,又强调人性的养育与训练。

清代李毓秀的《弟子规》总序说:"弟子规,圣人训。首孝悌,次谨信。泛爱众,而亲仁,有余力,则学文。"以下分成"入则孝""出则悌""谨而信""泛爱众而亲仁"等几部分。这些纲目都来自《论语》。《弟子规》中对孩童举止方面的一些要求,如站立时昂首挺胸、双腿站直,见到长辈主动行礼问好,开门关门轻手轻脚,不用力甩门等,这些规范都是文明人起码应有的,是尊重他人而又自尊的体现。又如:"晨必盥,兼漱口,便溺回,辄净手。冠必正,纽必结,袜与履,俱紧切。""斗闹场,绝勿近,邪僻事,绝勿问。将入门,问孰存,将上堂,声必扬。""用人物,须明求,倘不问,即为偷。借人物,及时还,后有急,借不难。"这都是有助于文明社会的建构的,是文明人的生活习惯,也是今天社会公德的基础。

朱柏庐在《朱子治家格言》起首的一段说:"黎明即起,洒扫庭除,要内外整洁;既昏便息,关锁门户,必亲自检点。一粥一饭,当思来处不易;半丝半缕,恒念物力维艰。"这些都是平实不过的道理,体现到一个人身上就是他的家教。旧时骂人,说某某没有家教,那是很重的话,让其全家蒙羞。我们不是要让青少年一定要做多少家务,而是要他们从小学就动手打理好自己与家庭的事情,不要过分依赖父母、依赖他人,能够自己挺立起来,培养责任意识。同时,让他们知道一粥一饭、半丝半缕都是辛劳所得,我们要懂得去尊重家长与别人的劳动。如果我们真的有敬畏之心,就知道珍惜,不应该浪费。

南开中学的前身天津私立中学堂成立于1904年10月,老校长严范孙亲笔写下"容止格言":"面必净,发必理,衣必整,纽必结。头容正,肩容平,胸容宽,背容直。气象:勿傲,勿暴,勿怠。颜色:宜和,宜静,宜庄。"这四十字箴言来自蒙学,又是该校对学生容貌、行止的基本要求。校内设整容镜,师生进校时都要照镜正容色。后来张伯苓先生治校,坚持了这些做法。

蔡元培先生在留德期间撰写了《中学修身教科书》,该书被商务印书馆于1912年至1921年间共印行了十六版,他还为赴法华工写了《华工学校讲义》,两书影响甚大,今人将其合为《国民修养二种》一书。蔡先生在民国初年为中学生与赴法劳工写教科书,重视社会基层的公民教育。蔡先生的用心颇值得我们重视,他从孝敬父母谈起,创造性地转化本土的文化资源,特别是以儒家道德资源来为近代转型的中国社会的公德建设与公民教育服务。

现今南京夫子庙小学的校训是"亲仁、尚礼、志学、善艺"。我认为这是非常好的。对孩童、少年的教育,首先是培养健康的心性才情,从日常生活习惯,从待人接物开始,学会自重与尊重别人。

我们今天强调成人教育,因为仅有成才教育是不够的,成才教育忽略了我们作为完整的人、健康的人所必需的一些素养,它在人格养成方面几乎是空白的。这不是大学教育才有的问题,而是幼儿园、中小学教育就该关注的。培养青少年的性情,需要家庭、学校、社会的配合。

国学当中有很多修身成德、培养君子人格的内容。中国古典的教育,其实就是博雅教育。传统的教育并不是道德说教,也不是填鸭式满堂灌的教育,而是春风化雨似的,让学生在点滴中有所收获并自己体验,如诗教、礼教、乐教等。

我觉得应该让孩子们处在良好的文化氛围中。家长、老师们要以身作则、言传身教,这对孩子们影响很大。家长、老师们有义务端正自己的言行,尤其在孩子们面前。要培养孩子分辨是非的能力,多在性情教育上下功夫,关注孩子的心理健康,多与孩子交流,洞察他们的情感,并做正确的引导。现在一些家长做不到以身作则,他们撒谎骗人,打骂斗狠,不尊重老人,这些都会给孩子的成长烙下负面的印记。

我们也希望同学们能趁着年轻记性好,多读些经典,最好能背诵一些,其中的意思以后可以慢慢领悟。南宋思想家陈亮说过:"童子以记诵为能,少壮以学识为本,老成以德业为重……故君子之道不以其所已能者为足,而尝以其未能者为歉,一日课一日之功,月异而岁不同,孜孜矻矻,死而后已。"

本丛书所收经典与蒙学读物中有很多圣哲格言,都足以让我们受用终身。我们一直希望能有多一些的国学经典进入中小学课堂,至少让"四书"进入教材。我们希望能多一些国文课,让中小学生能接受到系统的传统语言与文化教育。中华民族有很多优根性,更需大大弘扬。

是为序。

郭齐勇
癸巳春于珞珈山

弟子训

一、怀真善之本,爱父母、爱师友、爱国家、爱民族、爱人类、爱地球上的万物。珍惜生命、健康、亲情和时间。

二、每日诵读经典十分钟,每周必有一日研习国学,以此成为生活的习惯。

三、学以致用,知行合一,以磨炼来坚定自己的意志,以反省来修养自己的性情。意志与性情将会决定自己将来的学业与事业之一切。

四、追求广博的智识,对中外文化有了解,对社会事业有贡献。

五、经常锻炼身体,培养劳作的兴趣和艺术的修养。

六、学会谦让,经常说"您好""对不起""谢谢",是我们最基本的教养。

七、生活衣食器用当俭朴,不攀比、不崇侈;给需要帮助的人提供力所能及的帮助。

八、学会自己的事情自己做;允诺的事情,要尽力做到。

九、逐渐养成独立的人格,思想不盲从;如果内心有信仰,要坚卓而恒久。

十、任何时候都充满自信,在力行中实现自己追求的美好理想。

目　录

总　序	001
弟子训	001
概　述	001
第一章　通论	004
檀弓	004
礼运	015
玉藻	017
大传	020
学记	025
经解	036
哀公问	042
仲尼燕居	046
孔子闲居	049

坊记	053
表记	058
缁衣	061
儒行	068

第二章　制 度　　072

曲礼	072
王制	081
礼器	085
少仪	092
深衣	097

第三章　丧 服　　102

曾子问	102
丧服小记	106
杂记	110
丧大记	119
奔丧	124
问丧	128
服问	131
间传	135
三年问	140

丧服四制 ·· 143

第四章　吉　事　　147

　　投壶 ··· 147

　　冠义 ··· 150

　　昏义 ··· 153

　　乡饮酒义 ··· 158

　　射义 ··· 160

　　燕义 ··· 164

　　聘义 ··· 166

第五章　祭　祀　　170

　　郊特牲 ··· 170

　　祭法 ··· 174

　　祭义 ··· 179

　　祭统 ··· 183

第六章　其　他　　187

　　月令 ··· 187

　　明堂位 ··· 190

　　文王世子 ··· 193

　　内则 ··· 196

乐记 ·· 200

跋：古典的回归与文化自觉　　203

概　述

　　《礼记》与《仪礼》《周礼》合称为"三礼",是一部儒家思想资料汇编。《礼记》最初为附在《仪礼》后的记文,有《大戴礼记》和《小戴礼记》之分。《大戴礼记》由西汉戴德整理,全书八十五篇,在其流传过程中散佚较多,现仅存三十九篇。《小戴礼记》由西汉戴圣整理,全书四十九篇。我们通常所说的《礼记》多指《小戴礼记》。最早将两书分别定名为《大戴礼记》和《礼记》的史书是《隋书·经籍志》。传统上认为《礼记》的作者是孔子弟子及其后学,四十九篇写成年代从春秋晚期到西汉早期各不相同。唐初颁布《五经正义》,《礼记》正式列为儒家经书,为唐代科考明经科所考"九经"之一。至宋代"十三经"形成至今,《礼记》一直列于儒家经典。

　　《礼记》由汉代经学家郑玄作注,唐代经学家孔颖达作疏。历代不乏研究《礼记》的学者著作,清代学者超越以往,成果颇丰,最著名的当属孙希旦的《礼记集解》六十一卷,该书纠正了郑注和孔疏中的诸多谬误,对历代解经之辞兼有自己的判断,功夫颇深。

　　《礼记》四十九篇所记十分庞杂,其性质类似于一部先秦、秦汉儒家思想的论文汇编,内容涉及先秦、秦汉时的礼仪制度、政治、经济和思想等诸多方面。西汉刘向奉汉成帝命校理宫廷藏书,编成《别录》。《别录》将《礼记》四十九篇分为通论、制度、丧服、吉事、祭祀、明堂阴阳、世子法、子法和乐记九类。除去《大学》和《中庸》，通论类包括《檀弓(上、下)》《礼运》《玉藻》《大传》《学记》《经解》《哀公问》《仲尼燕居》《孔子闲居》《坊记》《表记》《缁衣》《儒行》十四篇，多是从总体上论述礼，也包含一些讲述礼的细节的小故事；制度类包括《曲礼(上、下)》《王制》《礼器》《少仪》《深衣》六篇，论述古人礼仪制度，内容涉及分封、爵位、祭祀、丧葬、养老、教育、器物、衣服制度等方方面面；丧服类包括《曾子问》《丧服小记》《杂记(上、下)》《丧大记》《奔丧》《问丧》《服问》《间传》《三年问》《丧服四制》十一篇，内容涉及丧葬程序、丧服制度、三年丧服等；吉事类包括《投壶》《冠义》《昏义》《乡饮酒义》《射义》《燕义》《聘义》七篇，各篇所记属"五礼"中的吉礼类，内容涉及昏、冠、燕、射、乡饮酒、聘等诸礼细节和义理；祭祀类包括《郊特牲》《祭法》《祭义》《祭统》四篇，多是阐发祭祀义理的文字；明堂阴阳类包括《月令》和《明堂位》两篇，《月令》记述了一年中十二个月的天象、饮食、衣服、车马、政令等所宜之事，《明堂位》内容涉及周公事迹及四代礼制；世子法类包括《文王世子》一篇，记述世子孝养天子、世子教育等内容；子法类包括《内则》一篇，涉及子女侍奉父母、媳妇侍奉公婆的规则，平日的饮食制度等；乐记类包括《乐记》一篇，是儒家论述音乐的篇目，阐述了音乐与礼、人等的关系以及音乐对社会的作用。

　　编者依照刘向《别录》中对《礼记》篇目的分类，共列通论、制度、丧服、吉事、祭祀、其他六章，章下分节以《礼记》原篇名名之，按照原篇先后顺序排列，每节节选原文若干。文后附注释、译文，方便同学们理解原文；还附有与原文内容相关的文史链接，帮助同学们更好地理解原文内容。另有名家论礼的名篇，让同学们更深刻地认识"礼"。

每篇节选内容,意在让同学们大概了解什么是礼,古人为什么制礼,礼的作用是什么,礼有哪些规定,古人怎么践行这套礼仪制度。编者在内容选择上更多贴近当今社会生活,希望同学们在学习过程中可以对相关命题有所思考。

本书原文以《四库全书》本《礼记正义》为底本,凡译文及注释部分参考孙希旦《礼记集解》,钱玄《三礼通论》《三礼辞典》,杨天宇《礼记译注》和王文锦《礼记译解》。本书还参考了王力《中国古代文化常识》和彭林《中国古代礼仪文明》等著作。

对于今人而言,"礼"之文辞艰涩,仪节繁复,较难把握。但当今社会,学"礼"是必要且紧迫的。就制度层面的"礼"来说,其是儒术经世治国必不可少的一部分。自周公制礼作乐始,"礼"便成为国家制度的代名词,各代均在前朝的基础上制定包括职官、服制、祭祀、朝聘、刑律等在内的礼仪规矩,以确保国家和社会的正常运转。上到皇帝,下到普通百姓,其言行举止都要受到"礼"的约束。了解"礼"对读懂我国历史至关重要。就文本层面的"礼"而言,三礼文本是儒家重要经典,为历代传颂研习。中华传统文化之复兴在于国学之复兴,国学之复兴必仰赖经学之复兴。诵读理解这占去"十三经"之将近四分之一的礼学经典,意义非凡。就思想意识层面的"礼"来讲,其在中华民族特有的思维方式和价值取向形成过程中扮演着十分重要的角色,是中国文化的源头之一。如孝养父母、和睦兄弟、敬老扶幼、因时因地制宜、保蓄自然资源等礼的内容,对坚持可持续发展、建设社会主义和谐社会依旧有现实意义。

第一章 通 论

檀 弓

公仪仲子之丧[1],檀弓免焉[2]。仲子舍其孙而立其子。檀弓曰:"何居[3]?我未之前闻也。"趋而就子服伯子于门右[4],曰:"仲子舍其孙而立其子,何也?"伯子曰:"仲子亦犹行古之道也[5]。昔者文王舍伯邑考而立武王[6],微子舍其孙腞而立衍也[7],夫仲子亦犹行古之道也。"子游问诸孔子[8],孔子曰:"否!立孙。"

(选自《礼记·檀弓上第三》)

注释

[1]公仪仲子:春秋时鲁国人,姓公仪,名仲子。　[2]檀弓:檀弓为公仪仲子之友,依礼,朋友们一起在异国,其中有人死了,活着的朋友为死者主丧才着免,将死者灵柩送回国后,即将免去

掉。檀弓此时并非在异国,特为非礼,借以讥讽仲子舍弃嫡子选立庶子之事。免(wèn):丧礼,脱帽,以布自项中交于额上,又绕后系于发结。　　[3]居:语助词。　　[4]趋:小步快走。就:凑近,靠近。子服伯子:鲁国人。　　[5]亦:也。　　[6]"昔者"句:此事指西周文王姬昌舍弃自己的长子伯邑考,而立次子姬发为王。伯邑考为周文王与太姒的嫡长子,武王同母长兄。　　[7]"微子"句:微子,即微子开,又称微子启,殷帝乙长子,纣王庶兄。《史记·宋微子世家》云:"武王崩,成王少,周公旦代行政当国。管、蔡疑之,乃与武庚作乱,欲袭成王、周公。周公既承成王命诛武庚,杀管叔,放蔡叔,乃命微子开代殷后,奉其先祀,作微子之命以申之,国于宋。微子故能仁贤,乃代武庚,故殷之余民甚戴爱之。微子开卒,立其弟衍,是为微仲。"郑玄认为微子开的嫡子去世了,依照殷礼,应当立他的弟弟为王。但是孔子认为,腯(tú)是微子开的嫡孙,嫡子死了应当立嫡孙为王。腯:人名。　　[8]子游:姓言,名偃,字子游,春秋末吴国人,孔子弟子,"孔门十哲"之一。孔子(公元前551—前479年):名丘,字仲尼,春秋时期鲁国陬邑(今山东曲阜)人。著名思想家、文学家、教育家。

译文

公仪仲子去世了,檀弓穿着"免"的丧饰前去吊丧。仲子舍弃其嫡孙而立其庶子为继承人。檀弓说:"这是为什么呢?我没有听说过以前有这样的事情啊。"他快步走到门右边去问子服伯子,说:"仲子舍弃他的嫡孙而立他的庶子,这是为什么?"伯子说:"仲子也是遵循古已有之的规矩。从前周文王舍弃他的嫡长子伯邑考,而立次子姬发为王,微子舍弃他的嫡孙腯而立他的弟弟衍为王,仲子也是遵循古已有之的规矩啊。"子游拿这事去问孔子,孔子回答说:"这是不对的,仲子应该立他的嫡孙为继承人。"

文史链接

嫡长子继承制

嫡长子继承制是我国历史上存在的一种权位继承制度。所谓嫡长子,是指嫡妻(正妻)所生的第一个儿子。嫡长子是其父亲爵位和宗室身份的合法继承者,而其父亲的财产则按照一定比例分给诸子。也就是说,在我国古代,继承的内容有政治范畴和经济范畴之分,政治范畴的内容由嫡长子分得,经济范畴的内容则是诸子按比例分配。嫡长子继承制与分封制和宗法制是密不可分的。

分封制并非始于周代,殷商时期就已经存在封邦建国的制度。武王伐纣取得胜利后,建立了周朝,定都镐京。面对刚刚取得的政权和土地,该如何统治以保千秋万代?这是周代统治者亟须解决的问题。西周统治者对殷商时期的封邦建国制进行了完善,在武王和周公时期前后进行了两次大规模的分封。其分封的对象主要是姬姓宗亲、开国功臣、夏商遗民和古圣王之后。据史书记载,周初分封的诸侯国多达七十一个。这些诸侯国以镐京为中心,分布在全国各地。正所谓"选建明德,以藩屏周"(《左传·定公四年》)。

与西方诸文明不同,在我国古代,血缘关系并没有完全被地

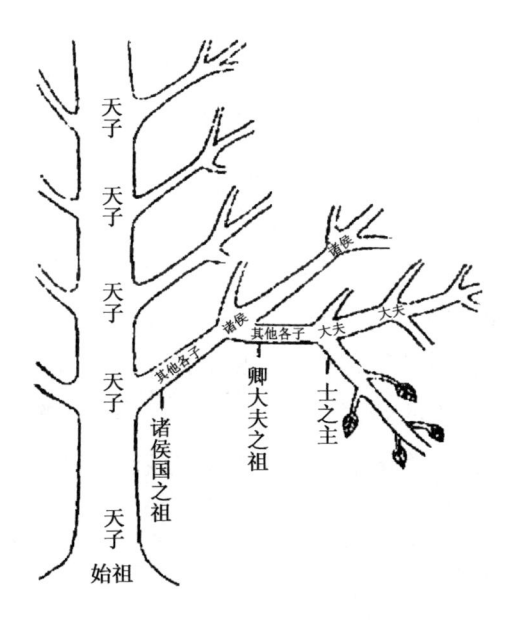

西周宗法制度示意图

缘关系所取代,而是在我国古代政治生活中扮演着极为重要的角色。宗法制便是以血缘关系为基础的。按照宗法制的规定,嫡长子为大宗,其他诸子为小宗。大宗享有祭祀整个宗族祖先的权力。大宗和小宗是相对而言的,周天子为天下的大宗,被分封的诸侯相对于周天子而言是小宗,相对于自己封国内的卿大夫而言是大宗,以此类推。

宗法制与嫡长子继承制互为表里,在我国历史上相当长一段时间内,对政治生活和社会的稳定起到了积极的作用。我国历史上由王位继承而引发的诸子争斗屡见不鲜,譬如唐朝的"玄武门之变"和清朝的"九子夺嫡",这些争斗不仅使兄弟间手足相残,而且削弱了皇室的势力,对政权的稳定极为不利。嫡长子继承制明确了权位的继承人为嫡妻长子,很好地避免了因权位之争而引起的诸子纷争。同时,宗法制规定,给嫡长子之外其他诸子以封地、采邑,这样做既保证了其他诸子的生存,又很好地调和了嫡长子与其他诸子的矛盾,为政权的稳固带来了保障。

除嫡长子继承制外,我国历史上还存在过其他形式的权位继承制度。比如兄终弟及,即长兄死了,权位由其同母弟继承。同母弟轮完了,再轮长兄的长子,以此类推。此外,也有根据自己喜好选立权位继承人的情况,这种继承方式存在诸多不确定因素,在一定程度上会加剧诸子之间的争斗,不利于政权的稳定。

思考讨论

请结合所学知识,谈谈你对我国古代权位继承制度的看法。

孔子过泰山侧[1],有妇人哭于墓者而哀。夫子式而听之[2],使子路问之曰[3]:"子之哭也,壹似重有忧者[4]。"而曰:"然[5]。昔者吾舅死于虎[6],吾夫又死焉[7],今吾子又死焉!"夫子曰:"何为不去也[8]?"曰:"无苛政[9]。"夫子曰:"小子识之[10]!苛政猛于虎也。"

注释

[1]过:经过。　[2]式:同"轼",车前横木,此处用作动词,指扶轼而听。　[3]子路:仲由,字子路,春秋末年鲁国人,孔子的得意弟子,以长于政事著称。　[4]壹似:确实像。重(chóng)有忧:有很多伤心事。　[5]然:对,是。　[6]舅:古时称丈夫的父亲为舅,即公公。　[7]焉:于之,意为死于老虎。[8]去:离开。　[9]苛政:残暴的政令。　[10]小子:古时长者称晚辈为小子,这里指与孔子随行的弟子。

译文

孔子路过泰山旁,见有个妇人在墓前哭得很伤心。孔子扶着车轼听她哭,并让子路去问她,子路说:"听您的哭声,像有很多的伤心事。"妇人说:"是的。以前我的公公被虎咬死了,我的丈夫也被虎咬死了,现在我的儿子又被虎咬死了。"孔子说:"那你为何不离开这个地方呢?"妇人说:"这里没有苛暴的政令。"孔子说:"你们可要记住,苛暴的政令比虎还厉害呢。"

晋献公之丧[1],秦穆公使人吊公子重耳[2],且曰[3]:"寡人闻之,亡国恒于斯[4],得国恒于斯。虽吾子俨然在忧服之中[5],丧亦不可久也,时亦不可失也[6],孺子其图之[7]!"以告舅犯[8],舅犯曰:

"孺子其辞焉[9]！丧人无宝[10]，仁亲以为宝[11]。父死之谓何？又因以为利，而天下其孰能说之？孺子其辞焉！"

注释

[1]晋献公(?—公元前651年)：春秋时晋国国君。　[2]秦穆公：(?—公元前621年)，春秋时秦国国君。公子重耳：即晋文公(公元前697—前628年)，晋献公之子。　[3]且：并且。　[4]恒：经常，普遍。斯：代词，此。　[5]俨然：严肃庄重的样子。忧服：指重耳处在为父亲服丧的忧伤之中。　[6]时：这里说的是夺回晋国政权的时机。　[7]孺子：古代称天子、诸侯、世卿的继承人为孺子。此处或可理解为秦穆公对重耳的一种称呼，相当于"小子"。图：谋划，打算。　[8]舅犯：重耳的舅舅狐偃，字子犯。　[9]辞：推辞，回绝。[10]丧：流亡在外。宝：这里指宝贵的东西。　[11]仁亲：郑注曰，"谓亲行仁义。"意为通过亲自为父亲服丧的行动来践行人子该有的仁义道德。

译文

晋献公去世了，秦穆公派使者前往吊唁流亡在外的晋国公子重耳，并且让使者转告重耳："我听说，失去国家常常是在这个时候，得到国家常常也是在这个时候。虽然你还严肃庄重地处在为你父亲服丧的忧伤中，但流亡在外的时间也不能太长了，夺回晋国统治权的机会也是不能失去的。你还是好好地谋划一下吧。"

重耳将这些话告诉了自己的舅舅狐偃,狐偃说:"孩子啊,你还是快快地推辞掉吧!逃亡在外的人没有什么东西是宝贵的了,通过为自己的父亲服丧来践行为人子的仁义道德就是最宝贵的事情。父亲去世了意味着什么啊?又趁着父亲的丧事来为自己谋求利益,这样天下的人谁可以替你开脱这样的罪名呢?孩子啊,你还是赶快推辞掉吧!"

公子重耳对客曰:"君惠吊亡臣重耳,身丧父死,不得与于哭泣之哀,以为君忧。父死之谓何?或敢有他志,以辱君义。"稽颡而不拜[1],哭而起,起而不私[2]。

注释

[1]稽颡(qǐ sǎng)而不拜:拜而稽颡为丧礼拜中最重的一套环节,一般是丧主人,即死者的嫡长子对前来吊丧的宾客行这样的礼节。此处重耳没有对秦穆公派来的吊丧使者行这个礼节,意味着重耳不承认自己是父亲政治衣钵的继承者。 [2]不私:不与来吊丧的使者有私下里的接触。

译文

重耳对前来吊丧的使者说:"感谢贵国国君前来吊唁我这个

逃亡在外的人。我逃亡在外,又遭遇父亲的丧事,不能和兄弟们一起在父亲的殡前哭泣以尽自己的哀情,这给贵国国君带来了忧虑。父亲去世意味着什么啊?怎么敢有别的想法,侮辱了国君前来吊唁的恩德!"重耳只对使者行了稽颡礼而没有行拜礼,哭泣着站了起来,站起来后也没有与使者有私下里的接触。

子显以致命于穆公[1],穆公曰:"仁夫公子重耳!夫稽颡而不拜,则未为后也,故不成拜。哭而起,则爱父也。起而不私,则远利也。"

(选自《礼记·檀弓下第四》)

注释

[1]子显:秦穆公派去吊丧的使者。

译文

使者子显回国向秦穆公报告了这些事情,秦穆公说:"公子重耳真是仁义啊!只行稽颡礼而不行拜礼,意味着重耳没有将自己当作他父亲的继承人,因此不完成拜礼。哭着站起来,这是爱戴他父亲的表现。他站起来后没有和使者有私下里的接触,这是远离利益啊。"

> 文史链接

晋文公重耳流亡的历史背景

晋献公有八个儿子,其中世子申生、公子重耳和公子夷吾都有贤能之行。世子申生的母亲是齐桓公的女儿,名叫齐姜,很早就去世了。申生还有个同母妹妹,嫁给了秦穆公作夫人。公子重耳母亲是翟方的一个狐氏家族的女儿。公子夷吾的母亲是重耳母亲的妹妹。晋献公有一个宠妃,名叫骊姬。晋献公十二年(公元前665年),骊姬生了公子奚齐。

奚齐出生之后,晋献公甚是欢喜,想废掉世子申生,立骊姬的儿子奚齐为世子。有一天,晋献公把世子申生、公子重耳和公子夷吾叫到身边,说:"曲沃是我们先祖宗庙所在的地方,蒲阪离秦太近,北屈离翟也很近,这样我们晋国很不安全。如果不让我的儿子们去这几个地方居住,我很害怕会发生战事。"于是就让世子申生居住在曲沃,公子重耳居住在蒲阪,公子夷吾居住在北屈。晋献公是故意想疏远这三个有贤能的儿子。

晋献公私下里和骊姬说想废掉世子,改立奚齐。骊姬哭着对晋献公说:"立申生为世子是大家都知道的事情,何况申生多次带兵打仗,立下了功劳,百姓也很信服于他,您怎能因为喜欢我而废掉嫡子改立奚齐这个庶子呢?如果您执意这么做,那我就只有以死明志了!"骊姬将这件事情详细地告诉了世子。谁知骊姬是个两面三刀的人,她私下里让人说申生的不是,事实上还是希望自己的儿子被立为世子。

晋献公二十一年(公元前656年)的一天,骊姬把申生叫来,对他说:"我听国君说他梦见了您的母亲齐姜,请世子您速去曲沃祭祀您母亲的宗庙吧,也好让国君安心。"世子去曲沃祭祀完自己的母亲,将祭祀的牲肉带回来给晋献公,恰逢晋献公出门狩猎,申生只得将牲肉放在宫中。骊姬悄悄差人在牲肉中放了毒药。两天后,晋献公狩猎归来,掌管国君膳食的官吏将申生送来的牲肉呈上来。就在晋献公要享用的时候,骊姬制止了他。骊姬说:"这牲肉是世子千里迢迢从曲沃带回来的,为了国君您的安全,还是试试有没有毒。"骊姬将牲肉割了一点给狗和一个小官,狗和人吃了之后都死了。骊姬哭着说:"世子怎么能忍心这么做呢?自己的父亲都敢谋害,更何况别人呢?您已年老,他竟然连这些日子都等不了了!世子之所以这么做,是我和奚齐的缘故。我们娘俩还是离开这里吧,要不就得被世子所鱼肉。"

申生听说了这件事后,逃到了新城,有人对他说:"那牲肉中的毒药本是骊姬搞的鬼,您为何不向国君说明白呢?"申生说:"国君已经年老,如果没有骊姬,他会寝食难安的。我这时候告诉他这件事情,他会不高兴的。"还有人对申生说:"世子您何不逃到别的国家暂时避避难呢?"申生说:"我背着弑父谋逆的罪名出逃,哪个国家敢接纳我啊!我还是自杀吧。"这年十二月,世子申生在新城自杀而死。

这时公子重耳和公子夷吾从各自的封地来到国都。有人告诉骊姬:"重耳和夷吾对您谋害世子的事情耿耿于怀。"骊姬有些害怕,便在晋献公面前诋毁两位公子,说:"世子在牲肉里放毒药这件事情,重耳和夷吾都知道。"两人听闻骊姬这一举动很是惶恐,便跑回自己的封地。晋献公对公子重耳和公子夷吾的不辞而别很愤怒,认为他们俩肯定有谋逆之心,于是出兵伐重耳封地蒲阪。蒲阪的小官命重耳自杀,情急之下,重耳越过墙垣逃到了翟国。

思考讨论

1. 结合所学知识,说说晋文公重耳的其他事迹,并谈谈你对他的认识。

2. 谈谈你对世子申生的认识,并说说你对"国君已经年老,如果没有骊姬,他会寝食难安的。我这时候告诉他这件事情,他会不高兴的"这句话的体会。

礼 运

孔子曰:"夫礼[1],先王以承天之道[2],以治人之情。故失之者死,得之者生。《诗》曰:'相鼠有体,人而无礼。人而无礼,胡不遄死[3]?'是故夫礼,必本于天[4],殽于地[5],列于鬼神,达于丧、祭、射、御、冠、昏、朝、聘[6]。故圣人以礼示之,故天下国家可得而正也。"

(选自《礼记·礼运第九》)

注释

[1]夫：位于句首的语气助词。　[2]承：在下面接受，秉承。[3]"相鼠"四句：出自《诗经·鄘风·相鼠》。遄(chuán)：快速、迅速。[4]本：源于。　[5]殽(yáo)：仿效。　[6]丧、祭、射、御、冠、昏、朝、聘：指丧葬、祭祀、射箭、驾车、加冠、结婚、来朝、聘问等礼仪活动。

译文

孔子说："礼是先王禀承天道，用来治理人的情欲的。因此，丧失了礼的人就会死掉，遵守礼的人就能生存。《诗经》说：'看那老鼠有肢体，做人反而没有礼；做人没有礼，为何还不赶快死去！'因此，礼必须源于天道，仿效地理，取法于鬼神，而贯彻于丧葬、祭祀、射箭、驾车、加冠、结婚、来朝、聘问等事情中。因此圣人将礼显示给众人，因此天下国家可以得到礼，达到安定的局面。"

文史链接

相　鼠

"相鼠有体，人而无礼。人而无礼，胡不遄死"出自《诗经·鄘风·相鼠》，原文为：

相鼠有皮，人而无仪。人而无仪，不死何为？
相鼠有齿，人而无止。人而无止，不死何俟？

相鼠有体，人而无礼。人而无礼，胡不遄死？

"相"是观察、察看之意；"俟"有等待之意。全诗的意思是：看老鼠有皮毛，做人却不讲礼仪。做人若没有礼仪，不死还活着干什么？看老鼠有牙齿，做人却没有节制。做人若没有节制，不死还等什么？看老鼠有肢体，做人却没有礼仪。做人若没有礼仪，那还不快快死掉？老鼠虽行容猥琐，但也皮毛肢体俱全。人若无礼，与鼠何别？本诗正是以人所不齿的老鼠来说明做人守礼的重要性。

《礼记》引用《诗经》中的句子来强调所表之意的例子有很多，如《缁衣》：

子曰："言有物而行有格也，是以生则不可夺志，死则不可夺名。故君子多闻，质而守之。多志，质而亲之。精知，略而行之。《君陈》曰：'出入自尔师虞，庶言同。'《诗》云：'淑人君子，其仪一也。'"

思考讨论

1. 你认为"礼"是什么？
2. 请结合日常生活，谈谈你所见到的婚丧嫁娶中的礼节仪式。

玉　藻

父命呼，"唯"而不"诺"[1]，手执业则投之[2]，食在口则吐之,走而不趋[3]。亲老[4],出不易方[5],复不过时[6]。亲瘠[7],色容不盛[8],此孝子之疏节也[9]。父没而不能读父之书[10],手泽存焉尔[11];母没而杯圈不能饮焉[12],口泽之气存焉尔[13]。

(选自《礼记·玉藻第十三》)

注释

[1]唯:表示答应的语气词。语气较急,比"诺"更恭敬。诺:同"唯",表示答应的语气词。语气较缓。　[2]业:篇卷,即今天的书本。　[3]走:古代指奔跑。趋:小步快走。　[4]亲:指父母双亲。　[5]出不易方:离家外出不改变目的地,意指父母双亲如果在儿子不在家期间出了什么事情,可以在儿子出发所至的目的地找到他。　[6]复不过时:回来不超过之前说好的期限,此举也是为了让年迈的双亲放心。　[7]瘠(jí):病。　[8]不盛:此处指儿子因双亲生病而面色憔悴。盛:丰富、华美。　[9]疏节:指简单的礼节。孔颖达疏曰:"今亲病,唯色容不充盛而已,不能憔悴、忧愁、危惧,此乃是孝子疏简之节,言孝心不笃也。"也就是说,双亲生病,儿子不是发自内心地害怕失去父母,只是面容不精神而已,这样算不上是真正的孝顺。　[10]没:通"殁",去世。[11]手泽:犹手汗,比喻先辈存迹,多用以称先人或先辈的遗墨、遗物等。焉:于之,即在书卷上。　[12]杯圈:不加雕饰的木质饮器。　[13]口泽:口饮润泽。孔颖达疏曰:"谓母平生口饮润泽之

气存在焉,故不忍用之。"

译文

父亲叫儿子,儿子要应答"唯"而不是"诺"。如果此时手里正拿着书卷,就要放下,口中有食物,就要吐掉,要奔跑而不是快步走到父亲身边听从父亲的教诲。父母双亲年老,儿子离家外出不改变目的地,返回家不应超过先行商量好的期限。双亲生病,儿子只是面色憔悴,这是孝子没有将礼节做全面,不算是真正意义上的孝顺。父亲去世了,儿子不读父亲读过的书卷,因为父亲的遗墨留存在上面;母亲去世了,儿子不用母亲喝过水的杯子,因为母亲生前的口饮润泽留存在上面。

文史链接

古人衣饰佩玉

古人非常珍视玉。玉器不但用于祭祀、外交和社交等方面,而且用于服饰。《礼记·玉藻》说:"古之君子必佩玉。"又说:"君子无故,玉不去身。"可见佩玉是贵族很看重的衣饰。

据说礼服有两套相同的佩玉,腰的左右各配一套。每套佩玉都用丝绳联系着。上端是一枚弧形的玉,叫做珩(héng)。珩的两端各悬着一枚半圆形的玉,叫做璜,中间缀有两片玉,叫做琚和瑀(yú),两璜之间悬着的一枚玉叫做冲牙。走起路来冲牙和两璜相触,发出铿锵悦耳的声音。《诗经·郑风·女曰鸡鸣》说:"杂佩以赠之。"据旧注,"杂佩"就是这套佩玉。此外,古书上还常常谈到佩环、佩玦(指有缺口的佩环)。妇女也有佩环。

思考讨论

1. 请谈谈你对"父没而不能读父之书,手泽存焉尔;母没而杯圈不能饮焉,口泽之气存焉尔"这句话的认识。
2. 结合当下社会现实,请谈谈你认为孝顺父母应该怎么做。

大　传

牧之野[1],武王之大事也。既事而退[2],柴于上帝[3],祈于社[4],设奠于牧室[5],遂率天下诸侯执豆、笾[6],逡奔走[7]。追王大王亶父[8]、王季历[9]、文王昌[10],不以卑临尊也[11]。

注释

[1]牧之野:即牧野,大致位置在今河南新乡。这里指武王伐纣的牧野之战。　[2]既:已经。　[3]柴:祭祀名,燔(fán)柴祭天。柴上加牲和玉帛燔烧,使烟气上升。上帝:指五方天帝,又称五帝,即苍、赤、黄、白、黑五帝。　[4]祈:向神求福,此处指向社神求得庇佑。社:指土地神,也代指祭祀土地神的地方、日子及祭礼。

[5]奠：向死者贡献祭品致敬。牧室：武王伐纣时在牧野筑的馆舍。　[6]豆、笾(biān)：均为祭器名。豆为盛肉酱之类濡物的器皿，笾为盛干物的竹质器皿。　[7]逡(qūn)：复，往来。　[8]大(tài)：通"太"。亶(dǎn)父：即古公亶父，周文王的祖父，周武王追尊为太王。　[9]季历：古公亶父的少子，周文王之父，周武王灭商后追封为王。　[10]昌：姓姬，名昌，殷商时为西伯，周武王的父亲，武王灭商后追封为文王。　[11]临：面对，指上级对下级，引申为从上面监视着。

译文

牧野之战灭商，是周武王的大事。灭商之事完结后便退兵，燔柴祭祀天帝，向土地神祈求庇佑，在牧野的馆舍里摆设贡品祭祀先祖。于是率领天下诸侯拿着豆笾这样的祭器往来奔走祭祀。追尊亶父为太王、季历为王、昌为文王，不使父祖以卑下的封号来面对自己天子的尊号。

上治祖祢[1]，尊尊也。下治子孙，亲亲也。旁治昆弟[2]。合族以食，序以昭缪[3]。别之以礼义，人道竭矣[4]。

注释

[1]祖：祖庙。祢(nǐ)：父庙。　[2]昆弟：指同族兄弟。

[3]昭缪(mù)：也作"昭穆"，古代宗法制度用以区别远近亲疏的排列方式，用于祭祀、死后入祖庙等一系列事宜。　[4]竭：尽，用尽。

译文

在上治理好祖庙和父庙，这是尊敬身份尊贵者的原则。在下要治理好子孙，这是亲近血缘亲属的原则。同时还要治理好同族兄弟。用饮食诸礼将整个宗族合起来，并按照宗法制度远近亲疏的关系排列好。用礼仪制度来分别宗法关系，人伦之道就全数体现在这儿了。

圣人南面而听天下[1]，所且先者五，民不与焉[2]。一曰治亲[3]，二曰报功[4]，三曰举贤，四曰使能，五曰存爱[5]。五者一得于天下，民无不足，无不赡者[6]；五者一物纰缪[7]，民莫得其死。圣人南面而治天下，必自人道始矣。立权、度、量，考文章[8]，改正朔[9]，易服色，殊徽号[10]，异器械[11]，别衣服，此其所得与民变革者也[12]。其不可得变革者则有矣。亲亲也，尊尊也，长长也，男女有别，此其不可得与民变革者也。

（选自《礼记·大传第十六》）

注释

[1]听天下:治理天下事务。　[2]与:参与。　[3]治亲:整顿亲属关系。　[4]报功:报答有功之臣。　[5]存爱:有爱民之心。　[6]赡:富足,足够。　[7]纰缪(pī miù):错误。　[8]文章:礼乐法度。　[9]正朔:正和朔分别为一年和一月的开始。此处引申为历法。　[10]徽号:尊号,此处指对不同等级的人的称谓。　[11]器械:泛指武器等用具。　[12]变革:改变,多指对制度的改变。

译文

圣明的人坐北朝南登上王位治理天下事务,必须先做五件事情,民众不能参与其间。第一件事是处理亲属之间的关系,第二件事是报答有功劳的臣子,第三件事是举荐贤德的人,第四件事是用有能力的人,第五件事是要有一颗爱民之心。这五件事情能够全部在天下施行,民众没有不满足的,没有不富足的。若这五件事情中出现一点错误,民众就会死无其所。圣明的人坐北朝南登上王位来治理天下,一定要从人伦道义开始。建立度量衡制度,考定礼仪法度,更改历法制度,变化服饰颜色,别易尊卑称呼,更改武器用具,变换衣服制度。(新朝刚立,变化这些制度是为了与前朝相区别,同时体现自己符合天命所给予的正统地位。)这些是可以变革的。以亲人为亲近、以尊长为尊敬、以年长为长辈,男女有别,应区别对待,这些是不能变革的。

文史链接

武王伐纣

周是商朝的一个诸侯国,位于今陕西渭河流域岐山以南的周原。商朝末年,纣王不行仁义,民怨沸腾。西伯侯姬昌暗中实行仁政,布施百姓,有很多诸侯都归顺于他。在几代周族首领的治理下,周取得了较快的发展。

姬昌去世后,其子姬发即位,就是周武王。武王即位后,追谥其父西伯为文王,并追尊古公亶父为太王、公季为王季。同时,武王在国内进行了一系列改革,所谓"改法度,制正朔"。此外,武王还任用贤良,辅佐他的人包括太公望、周公旦、召公和毕公等贤能之士。这些举措都为周国灭商奠定了基础。与此同时,商纣王统治下的商王朝摇摇欲坠。纣王听信谗言,残害忠良,引起了贵族集团的强烈不满,加剧了统治阶级内部的矛盾。纣王还大肆掠夺民脂民膏,建立了有名的鹿台以聚集搜刮来的奇珍异宝,民众怨声载道。

武王九年(公元前 1048 年)举行祭祀之礼,并会诸侯于孟津。据史书记载,这次到会的诸侯有八百之多。盟会上,诸侯都认为商纣王不行仁义,商朝奄奄一息,已经到了灭商的好时机。但武王认为时机未到,对八百诸侯说:"你们不知道天命所归,商纣王气数未尽,现在还不能兴兵讨伐。"于是便各自回国,另待时机。

又过了两年,商纣王昏庸日甚,杀死了辅佐自己的贤臣比干,还囚禁了箕子。掌管音乐的官员抱着乐器逃到了周国。这两件事情恰恰说明商纣王逆天而行,迫害贤臣忠良,礼乐背其而去,也意味着他不再受到天命的眷顾。武王得知此事,深知灭商的时机已到。于是,武王遍告诸侯说:"商纣王逆天而动,不尊天命,我们要替天行道,出兵讨伐!"于是,他带了戎车三百、虎贲三千、甲士四万五千人挥师东向,讨伐商纣王。军队全数渡过孟津,这时支持武王的诸侯尽数到达。武王举行誓师仪式,将纣王罪状宣告于诸侯庶众。

武王十一年(公元前1046年)二月,军队到达商朝的郊外牧野,武王举行了誓师仪式。仪式结束后,军队在牧野摆开战阵。商纣王听闻武王率兵前来,便发兵七十万与武王对抗。纣王军队人数虽多,可是都无作战之心,大多归顺武王。商纣王见兵败城倒,大势已去,便披着那些奇珍异宝在鹿台上自焚而亡。

思考讨论

1. 你怎么理解武王"改正朔,易服色,殊徽号,异器械,别衣服"这些举动?
2. 谈谈商纣王为什么亡国。

学　记

君子既知教之所由兴[1],又知教之所由废,然后可以为人师也。故君子之教喻也[2],道而弗牵[3],强而弗抑[4],开而弗达[5]。道而弗牵则和,强而弗抑则易,开而弗达则思。和易以思,可谓善喻矣[6]。

注释

[1]所由:由所,从哪里。　[2]教喻:教导。　[3]道:通"导",引导。弗:不。　[4]强:劝勉。抑:压制。　[5]开而弗达:此处指为师者将所有的东西都为学生讲到,则不利于学生自己思考。开:开导。达:全面。　[6]善:好的。

译文

君子懂得教育是怎样兴盛的之后,又知道教育是怎样衰亡的,这样便可以做老师了。因此,君子教导学生,要引导而非强迫,劝勉而非压制,为学生打开思路而非将知识全部讲出。引导而非强迫,老师和学生的关系就很融洽;劝勉而非压制,学生就更容易投入学习中;开导思路而非全面灌输,就能促使学生自我思考。关系融洽、让学生积极主动学习,这才是好的教导。

学者有四失,教者必知之。人之学也,或失则多[1],或失则寡,或失则易,或失则止。此四者,心之莫同也[2]。知其心,然后能救其失也。教也者,长善而救其失者也。

注释

[1]则:于。　　[2]莫:不,否。

译文

学生易犯四种过失,老师必须了解。学生学习,有的失于贪多,有的失于所学过狭,有的失于见异思迁,有的失于浅尝辄止。犯这四种过失的学生心态不一。知道了学生的心态,这样就能挽救他们在学习上的过失。老师就是使学生发挥长处并挽救学生过失的人。

善歌者,使人继其声。善教者,使人继其志。其言也约而达,微而臧[1],罕譬而喻[2],可谓继志矣。

注释

[1]臧:善,好。　　[2]罕譬而喻:说话少用比喻,大家都能明白。形容说话非常清楚明了。

译文

善于唱歌的人,能让人跟着他唱。善于教导人的人,能让人继承他的学术关怀。如果他的言辞简约易懂，含蓄精妙，少比喻易理解，就可以称得上让别人继承他的学术关怀了。

君子知至学之难易[1]，而知其美恶[2]，然后能博喻[3]。能博喻然后能为师，能为师然后能为长，能为长然后能为君。故师也者，所以学为君也。是故择师不可不慎也。《记》曰："三王四代唯其师[4]。"此之谓乎？

（选自《礼记·学记第十八》）

注释

[1]至：到达，此处指学到学问。　[2]而：表示并列的连词，并且。　[3]博：广泛地。　[4]三王：指夏、商、周三代的开国君主。四代：指虞、夏、商、周。

译文

君子知道学到学问很难，并且知道学生们的长处和短处，这样就能广泛地因材施教。能广泛地因材施教便可以当老师，能当老师便可以当官吏，能当官吏便可以当国君。因此，老师是可以从其处学到为君之道的人。因此选择老师不可以不慎重。《记》中说："三王之所以开明，四代之所以为后世所尊崇，就是因为能够慎重地选择老师。"这句话说的就是这个意思吧?

文史链接

我国古代的教育

我国古代学校有官学与私学之分,官学分为小学和大学两级,有别于我们现在的小学、中学、大学。小学一般建在都城内,大学则建在近郊。能入官学学习的大多为贵族子弟,他们大概八岁左右进入小学学习,十五岁从小学结业,进入大学学习八到九年就可以出学了。

谈到老师,同学们熟知的便是孔子。孔子游历各国,晚年专心著述,开坛讲学,因材施教,有教无类。我国古代的老师和我们现在所说的老师还是有一些区别的。譬如《史记·孟子荀卿列传》中说的"而荀卿最为老师",这个老师便不是我们现代意义上的老师。在我国古代,能为师者必须是贤人君子,只有贤人君子才能正确地引导学生。我国古代对师者的规定也是极为严格的,为大家所熟识的大概有"博学之,审问之,慎思之,明辨之,笃行之"(《中庸》)和韩愈的《师说》。正所谓"师者,所以传道授业解惑也"。何为传道?何为授业?何为解惑?为师者的最高目标为什么是传道?这些问题都是值得我们深思的。

贵族子弟可以上官学,自春秋战国兴起私人讲学之风,平民子弟也可以在私塾中学习知识。特别是科举制度设立之后,开科取士促进了学校的发展,相关制度也得以完备。还有宋代开始兴起的书院,这些都使得更广大的民众可以接受教育,并通过学习来改变自身和家族的境遇,进入统治集团。这样的现象以及制度不仅缓和了统治集团和一般民众之间的矛盾,同时也使有贤能的人不断进入统治集团,保证了社会的良性运转,更使前人学问不断发扬,保证了文明的延续不断。

古今虽多有不同,对老师的要求和对学生的规劝却是并无二致的。为使同学们读懂《礼记·学记》全文,了解古人对老师的要求和对学生的劝导,特别是面对晚清世界局势变化学人们对学习重要性的思考,特将《礼记·学记》、朱熹《朱子白鹿洞教条》和张之洞《劝学篇·序》附录于本课后,以便同学们阅读和学习。

礼记·学记

发虑宪,求善良,足以謏闻,不足以动众。就贤体远,足以动众,未足以化民。君子如欲化民成俗,其必由学乎。

玉不琢,不成器。人不学,不知道。是故古之王者,建国君民,教学为先。《兑命》曰:"念终始,典于学。"其此之谓乎。

虽有嘉肴,弗食,不知其旨也。虽有至道,弗学,不知其善也。是故学然后知不足,教然后知困。知不足,然后能自反也;知困,然后能自强也。故曰教学相长也。《兑命》曰:"学学半。"其此之谓乎。

古之教者,家有塾,党有庠,术有序,国有学。比年入学,中年考校。一年视离经辨志,三年视敬业乐群,五年视博习亲师,七年视论学取友,谓之小成。九年知类通达,强立而不反,谓之大成。夫然后足以化民易俗,近者说服而远者怀之,此大学之道也。《记》曰:"蛾子时术之。"其此之谓乎。

大学始教,皮弁祭菜,示敬道也。《宵雅》肄三,官其始也。入学,鼓,箧,孙其业也。夏、楚二物,收其威也。未卜禘不视学,游其志也。时观而弗语,存其心也。幼者听而弗问,学不躐等也。此七者,教之大伦也。《记》曰:"凡学,官先事,士先志。"其此之谓乎。

大学之教也,时教必有正业,退息必有居学。不学操缦,不能安弦;不学博依,不能安《诗》;不学杂服,不能安礼;不兴其艺,不能乐学。故君子之于学也,藏焉,修焉,息焉,游焉,夫然,故安其学而亲其师,乐其友而信其道,是以虽离师辅而不反。《兑命》曰:"敬,孙,务,时,敏,厥修乃来。"其此之谓乎。

今之教者,呻其佔毕,多其讯,言及于数,进而不顾其安,使人不由其诚,教人不尽其材,其施之也悖,其求之也佛。夫然,故隐其学而疾其师,苦其难而不知其益也。虽终其业,其去之必速。教之不刑,其此之由乎。

大学之法,禁于未发之谓"豫",当其可之谓"时",不陵节而施之谓"孙",相观而善之谓"摩"。此四者,教之所由兴也。

发然后禁,则扞格而不胜。时过然后学,则勤苦而难成。杂施而不孙,则坏乱而不修。独学而无友,则孤陋而寡闻。燕朋逆其师。燕辟废其学。此六者,教之所由废也。

君子既知教之所由兴,又知教之所由废,然后可以为人师也。故君子之教喻也,道而弗牵,强而弗抑,开而弗达。道而弗牵则和,强而弗抑则易,开而弗达则思。和易以思,可谓善喻矣。

学者有四失,教者必知之。人之学也,或失则多,或失则寡,或失则易,或失则止。此四者,心之莫同也。知其心,然后能救其失也。教也者,长善而救其失者也。

善歌者,使人继其声。善教者,使人继其志。其言也约而达,微而臧,罕譬而喻,可谓继志矣。

君子知至学之难易,而知其美恶,然后能博喻。能博喻然后能为师,能为师然后能为长,能为长然后能为君。故师也者,所以学为君也。是故择师不可不慎也。《记》曰:"三王四代唯其师。"此之谓乎?

凡学之道,严师为难。师严然后道尊,道尊然后民知敬学。是故君之所不臣于其臣者二:当其为尸则弗臣也,当其为师则弗臣也。大学之礼,虽诏于天子,无北面,所以尊师也。

善学者,师逸而功倍,又从而庸之。不善学者,师勤而功半,又从而怨之。善问者如攻坚木,先其易者,后其节目,及其久也,相说以解。不善问者反此。善待问者如撞钟,叩之以小者则小鸣,叩之以大者则大鸣,待其从容,然后尽其声。不善答问者反此。此皆进学之道也。

记问之学,不足以为人师。必也其听语乎!力不能问,然后语之。语之而不知,虽舍之可也。

良冶之子必学为裘,良弓之子必学为箕。始驾马者反之,车在马前。君子察于此三者,可以有志于学矣。

古之学者比物丑类。鼓无当于五声,五声弗得不和。水无当于五色,五色弗得不章。学无当于五官,五官弗得不治。师无当于五服,五服弗得不亲。

君子曰:"大德不官,大道不器,大信不约,大时不齐。察于此四者,可以有志于学矣。"

三王之祭川也,皆先河而后海,或源也,或委也。此之谓务本。

朱熹《朱子白鹿洞教条》

父子有亲,君臣有义,夫妇有别,长幼有序,朋友有信。右五教之目。尧、舜使契为司徒,敬敷五教,即此是也。学者,学此而已。

而其所以学之之序,亦有五焉,其别如左:博学之,审问之,慎思之,明辨之,笃行之。右为学之序。学、问、思、辨四者,所以穷理也。

若夫笃行之事,则自修身以至处事、接物,亦各有要,其别如左:言忠信,行笃敬,惩忿窒欲,迁善改过。右修身之要。正其谊不谋其利,明其道不计其功。右处事之要。己所不欲,勿施于人。行有不得,反求诸己。右接物之要。

熹窃观古昔圣贤所以教人为学之意,莫非使之讲明义理,以修其身,然后推以及人,非徒欲其务记览,为词章,以钓声名、取利禄而已。今人之为学者既反是矣,然圣贤所以教人之法具存于经,有志之士,固当熟读深思而问辨之。苟知其理之当然,而责其身以必然,则夫规矩禁防之具,岂待他人设之,而后有所持循哉!近世于学有规,其待学者为已浅矣,而其为法又未必古人之意也,故今不复以施于此堂,而特取凡圣贤所以教人为学之大端,条列如右,而揭之楣间。诸君其相与讲明遵守,而责之于身焉,则夫思虑云为之际,其所以戒谨而恐惧者,必有严于彼者矣。其有不然,而或出于禁防之外,言之所弃,则彼所谓规者,必将取之,故不得而略也。诸君其亦念之哉!

张之洞《劝学篇·序》

昔楚庄王之霸也,以民生在勤箴其民,以日讨军实儆其军,以祸至无日训其国人。夫楚当春秋鲁文宣之际,土方辟,兵方强,国势方张,齐晋秦宋无敢抗颜行,谁能祸楚者!何为而急迫震惧,如是之皇皇耶?君子曰:"不知其祸,则辱至矣,知其祸,则福至矣。"今日之世变,岂特春秋所未有,抑秦汉以至元明所未有也。语其祸,则共工之狂,辛有之痛,不足喻也。

庙堂旰食,乾惕震厉,方将改弦以调琴瑟,异等以储将相,学堂建,特科设,海内志士,发愤搤捥,于是图救时者言新学,虑害道者守旧学,莫衷于一。旧者因噎而食废,新者歧多而羊亡;旧者不知通,新者不知本。不知通则无应敌制变之术,不知本则有非薄名教之心。夫如是,则旧者愈病新,新者愈厌旧,交相为瘉,而恢诡倾危乱名改作之流,遂杂出其说以荡众心。学者摇摇,中无所主,邪说暴行,横流天下。敌既至无与战,敌未至无与安,吾恐中国之祸,不在四海之外,而在九州之内矣!

窃惟古来世运之明晦,人才之盛衰,其表在政,其里在学。不佞承乏两湖,与有教士化民之责,夙夜兢兢,思有所以裨助之者。乃规时势,综本末,著论二十四篇,以告两湖之士,海内君子,与我同志,亦所不隐。内篇务本,以正人心,外篇务通,以开风气。内篇九:曰同心,明保国、保教、保种为一义,手足利则头目原,血气盛则心志刚,贤才众多,国势自昌也;曰教忠,陈述本朝德泽深厚,使薄海臣民咸怀忠良,以保国也;曰明纲,三纲为中国神圣相传之至教,礼政之原本,人禽之大防,以保教也;曰知类,闵神明之胄裔,无沦胥以亡,以保种也;曰宗经,周秦诸子,瑜不掩瑕,取节则可,破道勿听,必折衷于圣也;曰正权,辨上下,定民志,斥民权之乱政也;曰循序,先入者为主,讲西学必先通中学,乃不忘其祖也;曰守约,喜新者甘,好古者苦,欲存中学,宜治要而约取也;曰去毒,洋药涤染,我民斯活,绝之使无萌拚也。

外篇十五:曰益智,昧者来攻,迷者有凶也;曰游学,明时势,长志气,扩见闻,增才智,非游历外国不为功也;曰设学,广立学堂,储为时用,为习帖括者击蒙也;曰学制,西国之强,强以学校,师有定程,弟有适从,授方任能,皆出其中,我宜择善而从也;曰广译,从西师之益有限,译西书之益无方也;曰阅报,眉睫难见,苦药难尝,知内弊而速去,知外患而豫防也;曰变法,专已袭常,不能自存也;曰变科举,所习所用,事必相因也;曰农工商学,保民在养,养民在教,教农工商,利乃可兴也;曰兵学,教士卒不如教将领,教兵易练,教将难成也;曰矿学,兴地利也;曰铁路,通血气也;曰会通,知西学之精意,通于中学,以晓固蔽也;曰非弭兵,恶教逸欲而自毙也;曰非攻教,恶逞小忿而败大计也。

二十四篇之义,括之以五知:一知耻,耻不如日本,耻不如土耳其,耻不如暹罗,耻不如古巴;二知惧,惧为印度,惧为越南缅甸朝鲜,惧为埃及,惧为波兰;三知变,不变其习不能变法,不变其法不能变器;四知要,中学考古非要,致用为要,西学亦有别,西艺非要,西政为要;五知本,在海外不忘国,见异俗不忘亲,多智巧不忘圣。凡此所说,窃尝考诸中庸而有合焉。鲁弱国也,哀公问政,而孔子告之曰:"好学近乎知,力行近乎仁,知耻近乎勇。"终之曰:"果能此道矣,虽愚必明,虽柔必强。"兹内篇所言,皆求仁之事也,外篇所言,皆求智求勇之事也。

夫中庸之书,岂特原心杪忽校理分寸而已哉?孔子以鲁秉礼而积弱,齐邾吴越皆得以兵侮之,故为此言以破鲁国臣民之聋聩,起鲁国诸懦之废疾,望鲁国幡然有为,以复文武之盛。然则,无学、无力、无耻则愚且柔,有学、有力、有耻则明且强。在鲁且然,况以七十万方里之广,四百兆人民之众者哉?吾恐海内士大夫狃于晏安,而不知祸之将及也,故举楚事。吾又恐甘于暴弃而不复求强也,故举鲁事。易曰:"其亡其亡,系于苞桑。"惟勿亡,则知强矣。光绪二十四年三月南皮张之洞书。

思考讨论

1. 请谈谈你对"人之学也,或失则多,或失则寡,或失则易,或失则止"这句话的认识,并说说你自己在学习过程中有无这样的过失。

2. 谈谈你认为什么样的人可以为师者,并说说对你的学习和成长产生重要影响的一位老师。

经　解

故朝觐之礼[1],所以明君臣之义也;聘问之礼[2],所以使诸侯相尊敬也;丧祭之礼,所以明臣子之恩也;乡饮酒之礼,所以明长幼之序也;昏姻之礼[3],所以明男女之别也。夫礼[4],禁乱之所由生,犹坊止水之所自来也[5]。故以旧坊为无所用而坏之者,必有水败[6];以旧礼为无所用而去之者,必有乱患。

注释

[1]朝觐(jìn):朝见,拜见。此处指诸侯朝见天子。　[2]聘问:诸侯国之间相互遣使访问。　[3]昏:通"婚"。　[4]夫:语气助词。　[5]犹:像,好像。坊:古同"防",堤防。　[6]败:灾祸,祸乱。

译文

因此,朝觐礼是用来辨别君臣关系的,聘问礼是用来让诸侯互相尊敬的,丧祭礼是用来表明国君和父亲对臣子和儿子的恩情的,乡饮酒礼是用来辨明长幼秩序的,婚姻礼是用来表明男女之别的。礼禁止祸乱的发生,就好像堤防阻止水害泛滥。因此,以为旧堤防没用了就将其拆掉的,必定会发生水害;以为旧礼没用了就将其废弃的,必定会有祸患。

故昏姻之礼废,则夫妇之道苦,而淫辟之罪多矣;乡饮酒之礼废,则长幼之序失,而争斗之狱繁矣;丧祭之礼废,则臣子之恩薄,而倍死忘生者众矣[1];聘、觐之礼废,则君臣之位失,诸侯之行恶,而倍畔、侵陵之败起矣[2]。

注释

[1]倍:通"背",背弃,背叛。　[2]倍畔、侵陵:据郑注,"倍畔,谓据倍天子;侵陵,谓侵陵邻国也"。

译文

因此,婚姻礼废弃了,夫妇关系随之破坏,淫乱的罪孽就会增多;乡饮酒礼废弃了,长幼之间失去秩序,争斗的案件就会频繁发生;丧祭礼废弃了,君臣、父子之间的恩情就淡薄了,背弃死者忘记生者的人就愈加多了;聘问礼、朝觐礼废弃了,君臣上下等级失序,诸侯行不义之事,相互背叛、侵扰的祸乱就会发生。

故礼之教化也微[1],其止邪也于未形[2],使人日徙善远罪而不自知也[3],是以先王隆之也[4]。《易》曰:"君子慎始。差若豪氂[5],缪以千里[6]。"此之谓也。

(选自《礼记·经解第二十六》)

注释

[1]微：细致，此处意为礼教化人民于无形之中。　[2]止：阻止。　[3]徙：移动。　[4]隆：尊崇。　[5]豪氂(lí)：细微。豪：通"毫"，指细长而尖的毛。氂：通"厘"，长度单位。　[6]缪：错误。

译文

因此，礼的教化是细致入微的，在邪恶未形成时便将其阻止。礼使人不知不觉中慢慢靠近美善、远离罪恶，所以先王们都尊崇礼。《易》中说："君子要慎重对待诸事的开始。有一丝的差错，就会犯下弥天大错。"说的就是这个意思。

文史链接

我国古代的"礼"及其分类

在我国古代，"礼"是一个很宽泛的概念，它可以指礼物、礼仪，也可以指礼法、礼义。所谓礼物，是指举行礼仪活动或进行人际交往所需的器物和礼品。比如在我国古代，学生入学拜师要送"束脩"给老师，以表示对老师的尊重。礼仪一般指古代贵族们举行祭祀、丧葬等一系列活动的仪式和程序，这些仪式内容丰富，环节复杂。每个环节该用什么器物、穿什么衣服、行什么动作，都有很严格的规定。历代研究礼学的学者们将这些礼仪分为吉、凶、军、宾、嘉五类,即"五礼"。礼法一般指依据"礼"的原则制定的国家典章制度,礼义则指礼仪活动表象下隐藏的文化意义。礼物、礼法和礼义都要依靠各种各样的礼仪活动来体现。因此,了解这些礼仪活动对明白"礼"的内涵是十分重要的。

《周礼·春官·大宗伯》说:"以吉礼祀邦国之鬼、神、示""以凶礼哀邦国之忧""以宾礼亲邦国""以军礼同邦国""以嘉礼亲万民"。从这几句话中我们可以看到,"五礼"担负着不同的职能。吉礼是用来祭祀天地鬼神的,凶礼是用来哀悼灾荒祸乱的,宾礼是用来密切各国关系的,军礼是用来合同各诸侯国的,嘉礼是用来密切统治者与百姓关系的。

凡是祭祀天神、地祇、人鬼的礼都属于吉礼。吉礼又包括十二个项目。祭祀天神的有禋(yīn)祀、实柴、槱(yǒu)燎三项;祭祀地祇的有血祭、貍沈(mái chén)、疈(pì)辜三项;祭祀人鬼的有祫(xià)、禘(dì)、祠、禴(yuè)、尝、烝六项。祭祀天神一般通过燔柴生烟的方式,古人认为这种烟气可以升上天际,这样天神就可以了解到人们对他的祭祀。出于同样的意图,古人祭祀地祇的方式多为掩埋,祭祀江河神时多将祭器和祭品沉入江河中。通过这些祭祀方式,我们可以对古人的神鬼观念管窥一二。

凡是吊丧、救荒的都属于凶礼。凶礼又包括丧礼、荒礼、吊礼、禬(guì)礼、恤礼五个项目。丧礼指的是对与自己有君臣、亲戚、朋友等关系的死者进行哀悼的各项礼仪,依据与自己关系的亲疏远近,会为死者服不同级别的丧服。荒礼是指诸侯国遭遇饥馑、疫病等灾难时,天子和大臣们会通过减少膳食、撤去乐器等方式来表示同情。吊礼是指天子遣使去遭遇水火灾害的国家表达自己的慰问。禬礼是指同盟的诸侯国聚集财货来补偿他们中战败国的损失。恤礼是指邻国发生内乱或者遭遇外国侵扰时,遣使去慰问。

凡是接待宾客的礼仪都属于宾礼。宾礼主要包括朝、宗、觐、遇、会、同、问、视八个项目。前六项均为天子接待诸侯之礼,依据接待时间而命名,一年四季对应的宾礼依次称为朝、宗、觐、遇。天子对诸侯不定时的接见称为会。如果天子十二年没有到各诸侯国去巡狩,诸侯就要一起去拜见天子,这叫做同。问、视为诸侯遣使拜见天子之礼。其中诸侯不定期派遣使臣去拜见天子的礼叫做问,又称时聘;诸侯定时遣使聘问天子称为视,也叫做殷覜(tiào)。

凡是征伐、田猎、筑邑等活动都属于军礼。军礼包括大师、大均、大田、大役、大封五个项目。大师礼指的是天子或诸侯出师征伐的活动;大均礼就是国家统计户口、摊定赋税的活动;大田礼包括天子和诸侯定期的田猎和检阅军队等活动;大役礼指的是修建宫室城邑等国家事务;大封礼包括勘定国与国之间及封邑与封邑之间的疆界、开挖沟渠、建筑道路等活动。

凡是饮食、昏(同"婚")冠、宾射、燕飨(xiǎng)、脤(shèn)膰(fán)、庆贺礼都属于嘉礼。《周礼·春官·大宗伯》说:"以饮食之礼亲祖宗兄弟,以昏冠之礼亲成男女,以宾射之礼亲故旧朋友,以脤膰之礼亲兄弟之国,以庆贺之礼亲异姓之国。"

礼在古人的政治生活和社会活动中扮演着很重要的角色,这也就不难理解为何礼的种类有如此之多了。

思考讨论

1. 谈谈你对朝觐、聘问、丧祭、乡饮酒、婚姻这些礼仪活动的基本认识,并说说这些礼仪活动分别属于"五礼"中的哪一类。
2. 先王为什么尊崇礼?

哀公问

公曰:"敢问何谓敬身[1]?"孔子对曰:"君子过言则民作辞[2],过动则民作则[3]。君子言不过辞,动不过则,百姓不命而敬恭。如是则能敬其身[4]。能敬其身,则能成其亲矣[5]。"

注释

[1]何谓:什么叫做。 [2]过言:错误的言论。辞:优美的语言。 [3]过动:错误的行动。则:规程,制度。 [4]敬其身:敬重自身。 [5]成其亲:成就父亲的名望。

译文

鲁哀公问孔子:"请问怎样才能称得上敬重自身呢?"孔子回答说:"君子说错了话,人民却将其当作美好的言辞;君子做错了事情,人民却将其当作行为准则。君子不说错话,不做错事,不对百姓施加命令,百姓也会对其恭敬有加,这样就能敬重自身了。能够敬重自身,就可以成就父亲的名望。"

公曰:"敢问何谓成亲?"孔子对曰:"君子也者,人之成名也。百姓归之名,谓之'君子之子',是使其亲为君子也,是为成其亲之名也已。"

译文

鲁哀公问孔子:"请问怎样才能称得上是成就父亲的名望呢?"孔子回答说:"君子就是有名望的人。百姓将名声归于君子,称他为'君子的儿子',这样就使他的父亲成为君子。这就叫做成就父亲的名望。"

孔子遂言曰[1]:"古之为政,爱人为大。不能爱人,不能有其身。不能有其身,不能安土[2]。不能安土,不能乐天[3]。不能乐天,不能成其身[4]。"

注释

[1]遂:于是,接着。　[2]安土:安于土,即安定地生活在土

地上。　[3]乐天:乐于天,即快乐地接受上天赐予的命运。
[4]成其身:成就自身。

译文

　　孔子接着说:"古人行政事,爱别人是最重要的。不能爱别人,就不能保有自身。不能保有自身,就不能安居在土地上。不能安居在土地上,就不能快乐地接受上天赐予的命运。不能快乐地接受上天赐予的命运,就不能成就自身。"

　　公曰:"敢问何谓成身?"孔子对曰:"不过乎物[1]。"

(选自《礼记·哀公问第二十七》)

注释

　　[1]不过乎物:不做逾越规矩的事情。

译文

　　鲁哀公问孔子:"请问怎样才能称得上是成就自身呢?"孔子回答:"做事不逾越规矩。"

文史链接

谥号小识

我国古代帝王、后妃、公卿大夫等去世后,朝廷会依据他们生前的行为,为他们拟定谥号。谥号可以概括一个人生前的德行。

谥号有一些固定的用字,这些字被赋予了特定的含义。谥号用字大致可分为三类。其一是表扬死者功德的。例如"经天纬地曰文,布义行刚曰景,威强睿德曰武",汉文帝、汉景帝、汉武帝即是此类。其二是批评死者行为的。例如"乱而不损曰灵,好内远礼曰炀,杀戮无辜曰厉",晋灵公、隋炀帝、周厉王归于此类。其三是同情死者的。例如"恭仁短折曰哀,在国遭忧曰愍,慈仁短折曰怀",本篇鲁哀公归于此类。

古人谥号有用一个字的,也有用多个字的。少者如"秦穆公""武穆王"(岳飞)"贞惠文子",多者如清代慈禧太后的谥号"孝钦慈禧端佑康颐昭豫庄诚寿恭钦献崇熙配天兴圣显皇后"。

除此之外,一些有名望的学者死后,其门人亲友也会为他们追加谥号。如陶渊明死后,谥号"靖节征士"。

思考讨论

1. 请谈谈你对"百姓归之名,谓之'君子之子',是使其亲为君子也,是为成其亲之名也已"这句话的理解。

2. 请结合"吾十有五而志于学,三十而立,四十而不惑,五十而知天命,六十而耳顺,七十而从心所欲,不逾矩"(《论语·为政第二》),谈谈你对孔子所说的"不过乎物"的理解。

仲尼燕居

子曰:"礼也者,理也;乐也者[1],节也[2]。君子无理不动,无节不作。不能《诗》[3],于礼缪;不能乐,于礼素[4];薄于德,于礼虚[5]。"子曰:"制度在礼,文为在礼[6],行之其在人乎!"

注释

[1]乐:音乐。　[2]节:节制。　[3]《诗》:指《诗经》一书。　[4]素:质朴,不加修饰。　[5]虚:空的,不实的。[6]文为:文饰,泛指礼的一切外在表现。

译文

孔子说:"礼,就是道理;乐,就是节制。君子没有道理就不行动,没有节制就不做事。不会《诗经》对于礼来说就是错谬,不会音乐对于礼来说就是不加修饰,德行淡薄对于礼来说就是空洞的。"孔子说:"制度在于礼,文饰在于礼,践行礼的是人啊!"

子贡越席而对曰[1]:"敢问夔其穷与[2]?"子曰:"古之人与[3]?古之人也。达于礼而不达于乐[4],谓之素;达于乐而不达于礼,谓之偏[5]。夫夔达于乐而不达于礼[6],是以传于此名也,古之人也。"

(选自《礼记·仲尼燕居第二十八》)

注释

[1]子贡:春秋末期卫国(今河南鹤壁)人,孔子弟子。越席:起座,离席。　[2]夔(kuí):人名。传说为尧舜时期的乐官。穷:到达极点。　[3]与:通"欤",语气助词。　[4]达:通晓。　[5]偏:歪,不在中间。　[6]夫:语气助词。

译文

子贡离席应对:"请问夔完全通晓礼乐吗?"孔子说:"古代的人吗?你说的是那个古代人吧。通晓礼而不通晓乐叫做素,通晓乐而不通晓礼叫做偏。夔这个人通晓乐而不通晓礼,因此这个名字流传下来了,他是个古代人。"

文史链接

礼与乐

礼与乐是内外相成的关系,《乐记》说:"乐者所以象德也,礼者所以缀淫(过头)也。"乐是内心德行的体现,礼的作用是防止行为出格。《乐记》也说:"礼乐皆得,谓之有德。"

《乐记》篇中论述乐内礼外的文字可谓触目皆是。可见,礼乐并行,则君子之身内和外顺,王者之治,四海清平。《乐记》特别强调执掌国政的君王的礼乐修养,要求臻于"德辉动于内""礼发诸外",表率天下,推行礼乐之道。

在儒家的理论中,礼乐之于人类,犹如天地之于万物,具有本原的意义,所以《乐记》给予其最高的评价:"大乐与天地同和,大礼与天地同节""礼乐之极乎天而蟠乎地,行乎阴阳而通乎鬼神,穷高极远而测深厚"。认为礼乐充盈于天地、合于阴阳、通于鬼神,极其高远深厚,规范着人类社会的一切。

思考讨论

1. 请谈谈你对"薄于德,于礼虚"的理解。
2. 简要谈谈礼与乐的关系。

孔子闲居

子夏曰[1]:"三王之德,参于天地,敢问何如斯可谓参于天地矣?"孔子曰:"奉'三无私'以劳天下[2]。"子夏曰:"敢问何谓'三无私'?"孔子曰:"天无私覆[3],地无私载,日月无私照。奉斯三者以劳天下[4],此之谓'三无私'[5]。其在《诗》曰:'帝命不违,至于汤齐。汤降不迟,圣敬日齐。昭假迟迟,上帝是祇。帝命式于九围[6]。'是汤之德也。"

注释

[1]子夏:姓卜,名商,字子夏,春秋末晋国温人,孔子弟子。[2]奉:尊重,遵守。劳:用语言或实物慰问。 [3]覆:覆盖。[4]斯:代词,这。 [5]此之谓:这就是所说的。 [6]"帝命不违"七句:出自《诗经·商颂·长发》。降:降生。齐(jī):通"跻",登,上升。

译文

子夏说:"三王的德行可以参配天地。请问怎样的德行才能称得上是参配天地呢?"孔子说:"奉行'三无私'来抚慰天下。"子夏说:"请问什么是'三无私'呢?"孔子说:"天无私地覆盖万物,地无私地承载万物,日月光辉无私地照耀四方。奉行这三点去抚慰天下,这就是'三无私'。这在《诗经》里是这么说的:'不违背上帝的命令,到商汤与天心齐一。汤的降生适时不迟,圣明恭谨德行日增。德行光明至于永远,只把上帝加以崇敬。上帝命汤治理九州。'这是商汤的德行。"

"天有四时,春秋冬夏,风雨霜露,无非教也。地载神气,神气风霆[1],风霆流形,庶物露生,无非教也。清明在躬,气志如神。嗜欲将至,有开必先。天降时雨,山川出云。其在《诗》曰:'嵩高惟岳,峻极于天。惟岳降神,生甫及申。惟申及甫,惟周之翰。四国于蕃,四方于宣[2]。'此文武之德也。三代之王也,必先其令闻。《诗》云:'明明天子,令闻不已[3]。'三代之德也。弛其文德,协此四国,大王之德也[4]。"

注释

[1]霆(tíng):霹雷,霹雳。　[2]"嵩高惟岳"八句:出自《诗经·大雅·嵩高》。　[3]"明明天子"二句:出自《诗经·大雅·江汉》。　[4]大:通"太"。

译文

"天有四季,春夏秋冬,(天用)风霜雨露(无私化育万物),这些无不是对人的教化。地载神妙之气,神妙之气化生出风雷,风雷无私流布,于是众物显露而生长,这些无不是对人的教化。圣人自身有清明的德行,有如神的意志。统治天下的愿望即将实现,有神开导而必先降下贤德的辅佐人,就像天将下雨时,山川先吐出云气。这在《诗经》里是这么说的:'高大的山是四岳,高峻得已经到了天空。四岳降下神灵,生下甫侯和申侯。甫侯和申侯是周的骨干。四国靠他们去保卫,四方要他们去宣抚。'这说的是文王和武王的德行。三代的君主,必先有美好的名声传于天下。《诗经》说:'勤勉不倦的天子,美名传播不止。'这就是三代君王的德行。广泛施行他的文德,和洽四方各国。这说的是太王的德行。"

子夏蹴然而起[1],负墙而立[2],曰:"弟子敢不承乎!"

(选自《礼记·孔子闲居第二十九》)

注释

[1]蹴(jué):急遽的样子。　[2]负:仗恃,倚靠。

译文

子夏急遽跳起来,倚靠着墙站着,说:"学生敢不接受教导吗!"

文史链接

商汤灭夏

商的始祖是契(xiè),契的母亲简狄为有娀(sōng)氏之女,是帝喾(kù)的次妃。相传,有一天简狄一行三人到河边沐浴,简狄吞食了玄鸟的蛋尔后有孕,生下了契。故《诗经·商颂·玄鸟》中有"天命玄鸟,降而生商"这样的句子。契辅佐禹治水有功,很受百姓爱戴。于是,禹将契封于商,并赐姓子氏。经过几代人的精心统治,商得到了很大的发展。但商的都城似乎很不固定,成汤即位,才定都亳(bó),但此后都城还是有变动,直到盘庚迁殷才将商的都城彻底固定下来。

汤即位后,发展生产,训练军队,积蓄粮草,并任用贤人伊尹,修饬内政。商汤的仁义之名远播,很多小诸侯国纷纷归附于他。商汤对夏的攻势逐步展开。商汤首先拿处在通往夏都城必经之路上的葛国开刀,大败葛国。

与商的蒸蒸日上形成鲜明对比的是日薄西山的夏。当时夏王朝的统治者是夏桀。桀是历史上有名的暴君,他荒淫无度,民众多叛。恰逢诸侯昆吾氏作乱,商汤趁此机会率军队大败夏于有娀氏之墟,夏桀也逃到鸣条去了。

思考讨论

1. 成汤、文、武三位帝王的德行为什么为后人所称颂?
2. 请说说你对盘庚之前商屡次迁都的看法。

坊 记

子云:"小人皆能养其亲,君子不敬[1],何以辨[2]?"

子云:"父子不同位,以厚敬也[3]。《书》云[4]:'厥辟不辟[5],忝厥祖[6]。'"

子云:"父母在,不称老,言孝不言慈。闺门之内[7],戏而不叹[8]。君子以此坊民[9],民犹薄于孝而厚于慈。"

子云:"长民者[10],朝廷敬老则民作孝。"

子云:"祭祀之有尸也[11],宗庙之主也[12],示民有事也。修宗庙,敬祀事,教民追孝也[13]。以此坊民,民犹忘其亲。"

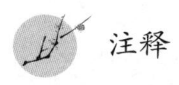

注释

[1]敬:恭敬。　　[2]辨:辨别,区别。　　[3]厚:重视。

[4]《书》:指《尚书》。　　[5]厥:那个。辟(bì):君主。　　[6]忝(tiǎn):辱,有愧于。　　[7]闺门:古代指内室的门,也指家门。　　[8]戏而不叹:郑玄注,"戏,谓孺子言笑者也;叹,谓有忧戚之声也。"戏而不叹就是说作为子女的,可以说笑,不可以发出忧虑的叹息声,这样可不让父母忧心。　　[9]坊:通"防",防范。　　[10]长:这里指作为民众的首领。　　[11]尸:代替死者接受祭祀的人,有男尸和女尸之分。若死者是男性,那么就把他的孙子或者孙子辈的人当作尸;如果死者是女性,必须以与她异姓的孙辈之妇为尸。　　[12]主:死者的神位。　　[13]追孝:追行孝道于前人。指敬重宗庙、祭祀等,以尽孝道。

译文

孔子说:"小人都能赡养自己的父母,君子(若只是单纯地赡养而)不尊敬自己的父母,怎么和小人相区别?"

孔子说:"父亲和儿子不站在同一个位置,这是为了让儿子重视对父亲的尊敬。《尚书》记载:'那个君主不是君主,有愧于祖先啊。'"

孔子说:"父母双亲在世时,不说自己老,为人子的要多说孝敬父母的话,多做孝敬父母的事;为人父母的要少说慈爱子女的话,少做慈爱子女的事。在家里,为人子的也要多言笑,让父母高兴,不要发出忧虑的叹息声让父母担忧。即便是君子用这样的方法来防范民众,民众仍然淡薄于孝敬父母而重视慈爱子女。"

孔子说:"作为民众首领的人,应该在庙堂之上尊敬老者,为民众做榜样,这样的话民众就会孝顺。"

孔子说:"举行祭祀的时候要有代死去祖先接受祭祀的人,宗庙之中要摆放死去祖先的神位,这是告诉民众有尊敬先祖的事情可做。修葺宗庙,崇敬祭祀的事务,是为了让民众追行孝道于前人。即便用这样的方式来堤防民众,民众仍然有忘记自己死去的父母的。"

子云:"孝以事君,弟以事长[1],示民不贰也[2]。故君子有君不谋仕,唯卜之日称二君。丧父三年,丧君三年,示民不疑也。父母在,不敢有其身,不敢私其财,示民有上下也。故天子四海之内无客礼,莫敢为主焉[3]。故君适其臣[4],升自阼阶[5],即位于堂,示民不敢有其室也。父母在,馈献不及车马[6],示民不敢专也。以此坊民,民犹忘其亲而贰其君。"

(选自《礼记·坊记第三十》)

注释

[1]弟:通"悌",敬爱兄长,引申为顺从长上。　[2]贰:背叛,变节。　[3]焉:语气词。　[4]适:往,去。　[5]阼(zuò)阶:指东阶。　[6]馈献:奉送礼物。

译文

孔子说:"用孝敬之心来侍奉君主,以顺从之心来侍奉长辈,这样向人民显示不背叛。因此,君子有自己的国君就不到他处谋求官职,只有在祭祀时才称有两位君主(一位为祭祀时代祖先受祭的尸)。为父亲服丧三年,为君主服丧三年,这样向人民显示对父与君的权威无所怀疑。父母双亲在世时,不敢将自己的身体视为己有,不敢有自己的财产,以此来向人民显示上下等级。因此,天子在四海之内不行客礼,因为没有人敢做天子的主人。因此君主前往臣子处,从堂前东阶往堂上走,站在堂上属于君主的位置上,以此来向人民显示不能把家看作自己私有的。父母在世的时候,送礼物不能送车马,以此来向人民显示不能专有家庭的财产。用这些来提防人民,人民仍旧会忘记双亲并背叛君主。"

文史链接

古人所谓"尸"

东汉许慎所著的《说文解字》卷八"尸部"云:"尸,陈也。象卧之形。凡尸之属皆从尸。式脂切。"由此可知,"尸"有陈放、象人凭依着案几时的形状两个含义。凡是与此相关的字如尾、屎都从"尸旁"。"式脂切"是"尸"的读音。《白虎通义·崩薨》:"尸之为言失也,陈也,失气亡陈,形体独陈。"古人认为,人死之后,魂魄之气脱离身体,只留下形体陈放在那了。后由陈放之意引申出列阵之意。

此外,"尸"还有一个特别重要的含义,郑玄注《仪礼·士虞礼》云:"尸,主也。孝子之祭不见亲之形,象心所系,立尸而主意焉。"古人祭祀死去的亲人时,要有活着的人来代替死去的人接受众人祭祀,享受祭品。那么,什么样的人可以担任"尸"的角色呢?《礼记·曲礼》说:"孙可以为王父尸。"古礼规定,若祭祀对象为男,就要由其孙或是孙辈的男性成员担任"尸";若受祭者为女,则要以与其异姓的孙辈之妇担任"尸"。

《礼记·坊记》说:"唯卜之日称二君。"天子祭祀祖先时,充当尸之人的实际地位低于天子,但祭祀时其具有神性,是除天子之外的另外一君。古人祭祀祖先时,为祖先奠献牲肉、醴酒等,供祖先享用,实则是尸象征性地代为享用。"尸位素餐"一词,说的便是身在尸的位置,却没有尽到自己位置该尽的责任。

古文字中,"尸"与"屍"是两回事,"屍"是人死之后的尸体。汉字简化后,两者均写作"尸"。由此可见,若要了解汉字的准确含义,读懂经典,我们必须认真学习古文字,了解字形、字义的演变。

思考讨论

1. 君子和小人在对待父母时有什么差异?

2. 谈谈你对古人祭祀先祖"立尸"和宗庙里为先祖立神位的理解。

3. 谈谈你对"闺门之内,戏而不叹"这句话的理解。

表　记

子曰:"夏道尊命[1],事鬼敬神而远之,近人而忠焉。先禄而后威,先赏而后罚,亲而不尊。其民之敝[2],惷而愚[3],乔而野[4],朴而不文。殷人尊神,率民以事神[5],先鬼而后礼,先罚而后赏,尊而不亲。其民之敝,荡而不静[6],胜而无耻。周人尊礼尚施[7],事鬼敬神而远之,近人而忠焉。其赏罚用爵列[8],亲而不尊。其民之敝,利而巧,文而不惭[9],贼而蔽[10]。"

注释

[1]夏:夏朝。尊:尊奉。　[2]敝:弊病,坏处。　[3]惷(chōng):愚蠢。　[4]乔(jiāo):通"骄",自满,自高自大,不服从。[5]率:全部。　[6]荡:行为不检,不受约束。　[7]尚:崇尚。[8]爵:爵位。列:等级。　[9]惭:惭愧。　[10]贼:狡猾。蔽:蒙昧。

译文

孔子说:"夏朝治国尊奉天命,侍奉尊崇鬼神却疏远它们,亲近人民,待人民以忠厚,先俸禄后威严,先奖赏后惩罚,亲切而不疏远。这样给人民带来的弊病是笨拙愚钝,自满粗鄙,朴素而不文饰。商朝尊奉神明,全部人民都侍奉神明,先鬼神后礼仪,先惩罚后奖赏,疏远而不亲切。这样给人民带来的弊病是放荡而不安静,好胜而无廉耻。周朝尊崇礼仪崇尚布施,侍奉崇敬鬼神但疏远它们,亲近并忠厚待民,赏罚用爵位等级,亲切而不疏远。这样给人民带来的弊病是好利取巧,文饰而不知羞耻,狡猾而蒙昧。"

子曰:"夏道未渎辞[1],不求备[2],不大望于民,民未厌其亲。殷人未渎礼,而求备于民。周人强民,未渎神,而赏爵、刑罚穷矣[3]。"

注释

[1]渎:烦琐。　　[2]备:完备。　　[3]穷:尽。

译文

孔子说:"夏代治国理政没有烦琐的文辞,不苛求完备,不对民众寄予太大期望,民众没有厌烦亲近统治者。商代没有烦琐的礼仪,却要求人民完备。周代用强求的方式教化民众,没有烦琐的宗教崇拜,但赏罚制度都用尽了。"

子曰："虞、夏之道,寡怨于民[1],殷、周之道,不胜其敝。"子曰:"虞、夏之质[2],殷、周之文[3],至矣。虞、夏之文不胜其质,殷、周之质不胜其文。"

(选自《礼记·表记第三十二》)

注释

[1]寡:少。　[2]质:质朴。　[3]文:文饰,修饰。

译文

孔子说:"虞、夏治国理政的方法民众很少有怨言,商、周治国理政的方式让民众难以承受。"孔子说:"虞和夏是质朴的,商和周是重文饰的,二者都达到了极致。虞和夏的文饰不及质朴,商和周的质朴不及文饰。"

文史链接

古人鬼神观念小识

在古人的观念中,鬼神、魂魄是含义不同的概念。古人常将鬼神看作一组,指的是人死后的灵魂,鬼为阴,神为阳;魂魄一组,指人活着时候的灵魂,魂主宰人的精气,人的思维活动受其控制,魄主宰人的形体,人的感官活动受其控制。《礼记·郊特牲》云:"魂气归于天,形魄归于地。"这说的就是人去世之后,精气回归上天,形骸归于后土。古人认为,人死后而为鬼神,鬼神居住于北方幽冥所在之地。因此,丧礼中"复"(人始死为其招魂)的环节,负责招魂的人要"北面"。

殷人善事鬼神,他们认为,祖先去世后,其灵魂始终飘荡在生者的周围,起着保护和训诫的作用。因此,他们在祭祀之日饮酒,希望借酒达到与祖先相通的境界。至于后世妖魔鬼怪的闲谈,实与上古相异。

死对于古人而言,是与生同等重要的事。因此,"不得好死"对古人是极其恶毒的诅咒,而"寿终正寝"是古人最盼望的。如今有些乡村中,老人活到八十岁以后去世的称为"喜丧",由此可见我们对于死的态度。儒家极其重视丧礼,提倡三年之丧,且认为人们应该"事死如事生"。透过这些表象,我们可以看到,儒家通过丧礼来表达孝子对父母的哀念,体现生者对死者的敬奉。祭祀祖先,忌日不用事等均是古人"慎终追远""孝亲为本"观念的体现。

思考讨论

1. 简要谈谈夏、商、周三代对待鬼神的态度及得失。
2. 谈谈你对"文"和"质"的看法。

缁　衣

子曰:"民以君为心[1],君以民为体。心庄则体舒[2],心肃则容敬[3]。心好之,身必安之;君好之,民必欲之。心以体全[4],亦以体伤[5]。君以民存,亦以民亡。《诗》云:'昔吾有先正,其言明且清,国家以宁,都邑以成,庶民以生。''谁能秉国成,不自为正,卒劳百姓[6]。'《君雅》曰[7]:'夏日暑雨,小民惟曰怨。资冬祁寒[8],小民亦惟曰怨。'"

注释

[1]以为:把……当做。 [2]庄:严肃,端重。舒:从容,缓慢。[3]肃:恭敬。敬:谨慎,不怠慢。 [4]全:完整,完备。 [5]伤:损害。 [6]"昔吾"八句:前五句为逸诗,后三句出自《诗经·小雅·节南山》。 [7]《君雅》:雅,《尚书》写作"牙"。相传君牙为周穆王的司徒。 [8]资:《尚书》写作"咨"。郑玄注云:"连上句云怨咨。"祁:盛大,大。

译文

孔子说:"人民把国君当做心,国君把民众当做体。心严肃端重则体从容舒缓,心恭敬则容谨慎。心喜欢什么,身体一定安于什么;国君喜好什么,人民必然想要什么。心因为体而完整,也因为体而损伤;国君因为人民而存在,也因为人民而消亡。《诗经》说:'从前我们的先君,政教分明又清廉。国家因此安宁,都邑因此建成,民众因此生存。''谁能秉掌国政,不自以为是,安慰百姓。'《君牙》说:'夏天暑热下雨,小老百姓埋怨。到冬天寒冷,小老百姓也埋怨。'"

子曰:"下之事上也,身不正[1],言不信[2],则义不壹[3],行无类也。"

注释

[1]身不正:指自身行为不正直。　[2]言不信:说话不守信用。　[3]壹:专一。

译文

孔子说:"作为臣下侍奉君主的时候,自身行为不正直,言而无信,那么作为臣子该有的义就不专一,这样的行为就不能和臣子的行为归为一类了。"

子曰:"言有物而行有格也[1],是以生则不可夺志,死则不可夺名。故君子多闻,质而守之[2]。多志[3],质而亲之。精知,略而行之[4]。《君陈》曰[5]:'出入自尔师虞,庶言同。'《诗》云:'淑人君子,其仪一也[6]。'"

注释

[1]格:法式,标准。　[2]质:朴素,单纯。这里指好的东西。[3]志:意向,所见所识。　[4]略:主题的概要,要点。　[5]《君陈》:相传为周公旦之子君陈所作。　[6]"淑人君子"二句:出自《诗经·曹风·鸤鸠》。

译文

孔子说:"要言之有物,行为要符合标准,因此活着的时候不能被夺去志向,死去的时候不能被夺去名声。因此君子要广阔见闻,选择好的去保有。要多见多识,选择好的去亲近学习。要认真思考所学,将其主旨付诸实践。《君陈》说:'内外要出自众人的考虑,大家的意见要一致。'《诗经》说:'那位美善的君子啊,他的仪态始终如一。'"

子曰:"唯君子能好其正[1],小人毒其正[2]。故君子之朋友有乡[3],其恶有方[4]。是故迩者不惑[5],而远者不疑也。《诗》云:'君子好仇[6]。'"

（选自《礼记·缁衣第三十三》）

注释

[1]正:改变偏差或错误,纠正。　[2]毒:恨,以为苦。

[3]乡:居所。　[4]其恶有方:君子厌恶的人有一定的居所。
[5]迩(ěr):近处的。　[6]君子好仇:出自《诗经·周南·关雎》。
仇:今本毛诗作"逑"。

译文

孔子说:"只有君子能喜爱别人指出他的错误,小人憎恨指出他错误的人。因此,君子的朋友有固定的所在,君子讨厌的人也有固定的所在。因此和君子走得近的人不困惑,和君子走得远的人不怀疑。正如《诗经》所说的:'君子的好配偶。'"

文史链接

阅读古书小常识

我国早期的文字大多刻画或书写在甲骨、青铜器、石碑、简牍和帛上。在造纸术发明之前,一般的书写材料为简牍和帛,前者比较容易获得,但不易携带;后者比较轻便,但较贵重。我国现存最早的纸是1986年在甘肃天水放马滩墓葬群中出土的,纸上有墨线勾勒出的山川、河流等图形,是一幅地图。随着造纸术的改进和推广,纸便成为我国古代主要的书写材料。

我国古代的书写习惯一般为竖排从上到下、从右到左,古人书写不加标点,所以断句对今人更好地理解文章的含义十分重要。鉴于古书难读,现代的学者们对很多古书进行了整理和断句,以便大家阅读和研究。这些标点本为繁体字竖排,从上到下、

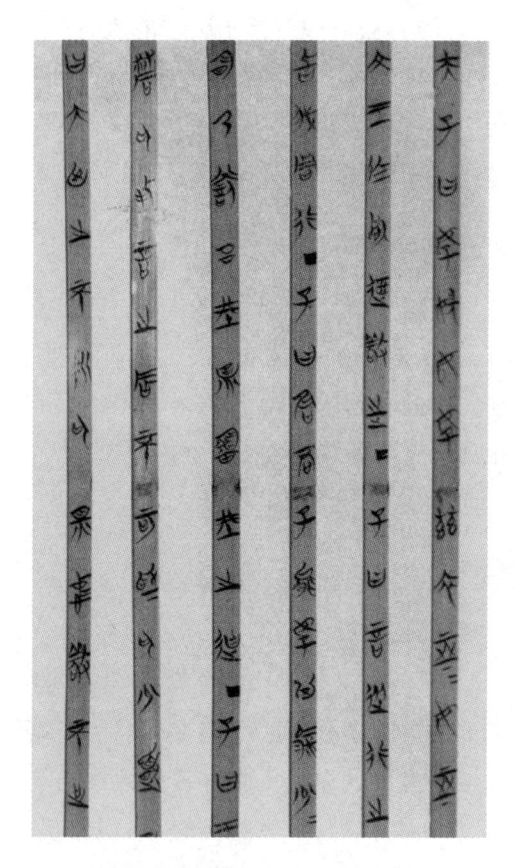

郭店楚墓竹简《缁衣》

从左到右书写,因此,认识繁体字对我们阅读也是至关重要的。这些书的前面一般会有《凡例》或《点校说明》,这是介绍整本书的著作内容、编纂体例和点校情况的,认真阅读这部分内容极其重要。

古人写书,有特定的体例。就拿《缁衣》来说,我们现在见到的传世本《缁衣》可分成很多小段,除第一小段以外,其他每一小段的开头都是"子曰",结尾都引用《诗经》或者《尚书》中的几句话。《缁衣》第一小段的内容是,子言之曰:"为上易事也,为下易知也,则刑不烦矣。"

这一段与其他小段明显不同,既不是以"子曰"开头,也没有引用《诗经》或《尚书》结尾。因为第一段与其他段的体例不一致,历来就有学者怀疑这一段是后人加上去的。1993年10月,湖北荆门郭店村的楚墓里出土了一批竹简,这批竹简中就有一篇与我们现在看到的《缁衣》文句大致相当的文章,整理者遂将其命名为《缁衣》。出土的《缁衣》与传世本《缁衣》体例一致,但没有传世本《缁衣》的第一句。这便解决了学者们怀疑的问题,证明了我们现在看到的传世本《缁衣》的第一小段是古人后来加上去的。

举这个例子是为了说明,出土的简帛文献中有很多可以与我们现在看到的古文相互对照,通过这样的对照,不仅有助于我们更快地读懂简帛上的生僻字和内容,更有助于我们了解现在看到的古文的流传状况。当然,这需要我们具备很多古文字的知识。

希望同学们在阅读完这篇小文后,自己找一些相关的材料来看一看,这不仅可以使我们对我国古代典籍有一个直观的认识,也可以从中感受到我们先人的智慧和勤劳。

思考讨论

1. 结合所学知识,谈谈你对君民关系的认识。
2. 谈谈君子和小人对待朋友的差别。

儒　行

儒有上不臣天子[1]，下不事诸侯；慎静而尚宽[2]，强毅以与人[3]，博学以知服[4]；近文章，砥厉廉隅[5]；虽分国，如锱铢[6]，不臣不仕。其规为有如此者。

注释

[1]臣:臣服。　[2]慎:谨慎。　[3]强毅以与人:郑注云,"若有人与己辨言行,而彼人道不正,则己不苟屈从之,是用刚毅以与人也。"　[4]博学以知服:不以自己的博学来凌夸前贤。[5]砥厉:锻炼,磨炼。廉隅:棱角。　[6]锱铢(zī zhū):锱为四分之一两,铢为二十四分之一两。比喻极其微小的数量。

译文

儒者有在上不臣服天子、在下不侍奉诸侯的；谨慎静处崇尚宽和，遇到不正直的人不苟屈从，不以自己的博学来凌夸前贤；学习文章来磨炼自己的棱角；即使分封国邑给他，他也看得特别轻，不臣服、不出仕。儒者对自己的要求就是这样的。

儒有合志同方[1]，营道同术[2]；并立则乐[3]，相下不厌[4]；久不相见，闻流言不信。其行本方立义[5]，同而进，不同而退。其交友有如此者。

注释

[1]合志同方：志趣相投，目标一致。　[2]营：谋求，经营。术：技艺，方法。　[3]乐：欢乐。　[4]相下：地位有差别。[5]本：依据。

译文

儒者有志同道合，谋求同样的道义，遵循同样的方法；在一起就觉得很欢乐，地位有高低也不相厌弃；很久没有见面，听到关于对方的流言也不会相信。儒者的行为都是依据方正道义，意见相同就进一步交流，意见相左就互相疏远。这就是儒者交朋友的态度。

温良者，仁之本也。敬慎者，仁之地也[1]。宽裕者[2]，仁之作也[3]。孙接者[4]，仁之能也。礼节者，仁之貌也。言谈者，仁之文也。歌乐者[5]，仁之和也。分散者[6]，仁之施也。儒皆兼此而有之，犹且不敢言仁也。其尊让有如此者。

（选自《礼记·儒行第四十一》）

注释

[1]地:本质,质地。　[2]宽裕:宽大,宽容。　[3]作:起,兴起。　[4]孙接:以谦逊的言辞、态度待人接物。孙:通"逊"。[5]乐:音乐。　[6]分散:散发,施与。

译文

温和善良是仁的根本,恭敬谨慎是仁的本质,宽宏大量是仁的兴起,谦逊地待人接物是仁的功能,礼仪节制是仁的面貌,言谈是仁的文饰,歌声乐曲是仁的和睦,散发和施与是仁的布施。这些品质儒者全部具有,但他们仍然不敢说自己是仁德的。儒者的尊敬谦和就是这样的。

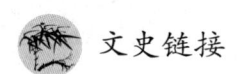

文史链接

胡适《说儒》(节选)

我们读孔门的礼书,总觉得这一班知礼的圣贤像基督教《福音》书里耶稣所攻击的犹太"文士"(Scribes)和"法利赛人"(Pharisees)。("文士"与"法利赛人"都是历史上的派别名称,本来没有贬义。因为耶稣攻击过这些人,欧洲文字里就留下了不能磨灭的成见,这两个名词就永远带着一种贬义)犹太的"文士"和"法利赛人"都是精通古礼的,都是"习于礼"的大师,都是犹太人的"儒"。耶稣所以不满意于他们,只是因为他们熟于典礼条文,而没有真挚的宗教情感。中国古代的儒,在知识方面已超过了那民众的宗教,而在职业方面又不能不为做治丧助葬的事,所以他们对于丧葬之礼实在不能有多大的宗教情绪。老子已明白承认"礼者忠信之薄而乱之首"了,然而他还是一个丧礼大师,还不能不做相丧助葬的职业。(编者按:胡适先生认为老子是柔弱之儒的代表)孔子也能看透"丧,与其易也,宁戚"了,然而他也还是一个丧礼大师,也还是"丧事不敢不勉"。他的弟子如"堂堂乎"的子张也已宣言"祭思敬,丧思哀,其可已矣"了,然而他也不能不替贵族人家做相丧助葬的事。苦哉!苦哉!这种智识与职业的冲突,这种理智生活与传统习俗的矛盾,就使这一班圣贤显露出一种很像不忠实的俳优意味。

思考讨论

1. 归纳文中谈到的儒者的品质。
2. 结合所学知识,谈谈你对儒者的认识。

第二章　制　度

曲　礼

夫礼者,所以定亲疏[1],决嫌疑[2],别同异,明是非也。礼不妄说人[3],不辞费[4];礼不踰节[5],不侵侮[6],不好狎[7]。修身践言,谓之善行。行修言道,礼之质也[8]。礼闻取于人,不闻取人。礼闻来学,不闻往教[9]。

注释

[1]定:使不变动,确定。　[2]决:断定,拿定主意。嫌疑:疑惑难辨的事理。　[3]妄:胡乱,荒诞不合理。说:通"悦",使愉快,取悦。　[4]辞费:话多而无用。　[5]踰(yú)节:超越了一定的规则、分寸。　[6]侵侮:侵犯轻慢,侵害欺侮。　[7]狎(xiá):亲近而态度不庄重。　[8]质:本质。　[9]往:去。

译文

礼是用来确定人与人之间的亲疏关系,断定疑惑难辨的事理,辨别事物之间的异同,明确是非对错的。礼不胡乱取悦他人,不说多而无用的话;礼不超越一定的规则,不侵害欺侮他人,不过分亲近而不庄重。修养自身、言出必行,叫做好的行为。行为有修养,言谈有道理,是礼的本质。只听说过礼被人取法学习,没听说过礼要求他人来学。只听说过人们主动来学礼,没听说过礼主动教别人学的。

道德仁义,非礼不成[1];教训正俗[2],非礼不备[3];分争辨讼[4],非礼不决;君臣、上下、父子、兄弟,非礼不定;宦学事师[5],非礼不亲[6];班朝治军[7],莅官行法[8],非礼威严不行[9];祷祠[10]、祭祀、供给鬼神,非礼不诚不庄。是以君子恭敬、撙节[11],退让以明礼。鹦鹉能言,不离飞鸟;猩猩能言,不离禽兽。今人而无礼,虽能言,不亦禽兽之心乎?夫唯禽兽无礼,故父子聚麀[12]。是故圣人作,为礼以教人,使人以有礼,知自别于禽兽。

(选自《礼记·曲礼上第一》)

注释

[1]成:成就,成事。　[2]教训:教导,训诲。正俗:匡正风俗。　[3]备:完全。　[4]分争:争斗,争夺。辨:通"辩"。讼:争讼,诉讼。　[5]宦:官,做官。学:学习经艺。　[6]亲:至、近,形容关系近、感情好。　[7]班朝:整肃朝班。　[8]莅(lì)官:担任官职。　[9]威严:指威势。　[10]祷:有灾病而祭,祈求神降福消灾。祠:得其所求而报祭,即今天说的还愿。　[11]撙(zǔn):抑制,节制。　[12]聚麀(yōu):本指兽类父子共一牝(pìn)的行为,后指两代的乱伦行为。聚:共。麀:牝鹿。

译文

仁义道德,没有礼就不能成就;教导训诲,匡正风俗,没有礼就不能完全;争斗诉讼,没有礼就不能决断;君臣、上下、父子、兄弟的关系,没有礼就不能确定;学习做官,学习经义,侍奉师长,没有礼就不亲近;整肃朝班,治理军事,担任官职,施行律法,没有礼就没有威势可言;祈神还愿、祭祀祖先、供奉鬼神,没有礼就不诚恳庄重。因此,君子恭敬有节,退让谦和,以此来表明礼。鹦鹉能说话,仍是飞鸟;猩猩能说话,仍是禽兽。现在做人却没有礼仪,虽然可以说话,不也是禽兽之心吗?因为禽兽不讲礼仪,所以禽兽父子共牝。因此圣人制作礼来教导人们,让人们有礼仪,知道自己与禽兽不同。

国君春田不围泽[1],大夫不掩群[2],士不取麛、卵[3]。

注释

[1]田:打猎。泽:此处指猎场。　[2]掩群:尽取兽群。[3]麛(mí):幼鹿,此处泛指幼兽。

译文

国君春天打猎不合围猎场,大夫打猎不尽取兽群,士打猎不取幼兽、动物卵。

岁凶,年谷不登[1],君膳不祭肺[2],马不食谷,驰道不除[3],祭事不县[4]。大夫不食粱[5],士饮酒不乐[6]。

注释

[1]登:谷物丰收。　[2]膳:进食。祭肺:此处意为不杀牲。郑注云:"礼食杀牲则祭先,有虞氏以首,夏后氏以心,殷人以肝,周人以肺。不祭肺,则不杀也。"　[3]驰道:道路。　[4]县(xuán):通"悬",此处指悬挂的钟磬等乐器。　[5]粱:精美的主

食。　[6]乐:奏乐。

译文

遇上灾年,粮食没有丰收,国君进食不杀生,马不吃稻谷,不除去驰道上的草,逢祭祀时不悬挂钟磬等乐器。大夫不吃精美的主食,士在饮酒时不奏乐。

君无故玉不去身[1],大夫无故不彻县[2],士无故不彻琴瑟。

注释

[1]故:原因,缘由。　[2]彻:毁坏。

译文

国君没有缘由不能将佩玉离身,大夫没有缘由不能毁坏悬挂的钟磬乐器,士没有缘由不能毁坏琴和瑟。

士有献于国君[1],他日,君问之曰:"安取彼[2]?"再拜稽首而后对[3]。大夫私行出疆[4],必请;反必有献[5]。士私行出疆,必请;反必告。君

劳之[6],则拜;问其行,拜而后对。

注释

[1]献:恭敬庄严地送给。 [2]安取彼:在哪里得到的那件东西。 [3]再拜稽首:吉礼中拜的一套程序。对:回答。 [4]疆:国境,边境。 [5]反:通"返",返回,回来。 [6]劳:用言语或实物问候。

译文

士有礼物进献给国君,过了几日,国君问他:"你是在哪里得到的那件东西呢?"士要行再拜稽首礼然后回答。大夫因为私事离开国境,必须要请示,回来后一定要给国君进献礼物。士因为私事出国,必须请示,回来的时候必须要告知。国君慰劳,就行拜礼;问他们出行如何,行拜礼之后再回答。

国君去其国[1],止之曰[2]:"奈何去社稷也!"大夫曰:"奈何去宗庙也!"士曰:"奈何去坟墓也!"国君死社稷[3],大夫死众,士死制[4]。

注释

[1]去:逃走,离开。 [2]止:阻拦,制止。 [3]死:死于,

为了某事而死。　[4]制:法令制度。

译文

国君要离开自己的封国,要制止他说:"为什么要离开自己的国土呢?"大夫要离开自己的封地,要制止他说:"为什么要离开自己的宗庙呢?"士要离开自己的封地,要制止他说:"为什么要离开自己的祖坟呢?"国君要为社稷而死,大夫要为民众而死,士要为法度而死。

君天下,曰"天子"。朝诸侯,分职授政任功,曰"予一人"。践阼[1],临祭祀,内事曰"孝王某",外事曰"嗣王某"。临诸侯,畛于鬼神[2],曰"有天王某甫"。崩,曰"天王崩"。复[3],曰"天子复矣"。告丧,曰"天王登假"。措之庙[4],立之主,曰"帝"。天子未除丧,曰"予小子"。生名之,死亦名之。

(选自《礼记·曲礼下第二》)

注释

[1]践阼:走上阼阶主位,此处指天子登基。　[2]畛(zhěn):致意,祝告。　[3]复:丧礼的一个环节,招魂。　[4]措:安放,

安置。

译文

做了天下君主的人要称"天子"。天子朝见诸侯,分配职务,授予政事,任命有功劳的人,要自称为"予一人"。登上天子之位,参加祭祀等宗族内事务,要称为"孝王某";参加国家事务,要称为"嗣王某"。天子视察诸侯,祝告鬼神,称为"有天王某甫"。天子去世,称为"天王崩"。为死去的天子招魂,称为"天子复矣"。告知天子的丧事,称为"天王登假"。将天子的神位安放在祖庙内,称为"帝"。新继位的天子在服丧期间,要自称为"予小子"。在世的时候有相应的称谓,去世了之后也有相应的称谓。

文史链接

荀子论"礼"

荀子名况,史书上又将他称为荀卿或孙卿,战国后期赵国人,儒家重要代表人物之一。他一生游历过很多国家。《史记·孟子荀卿列传》说他五十岁到齐国游学,齐襄王时荀子因才学出众"三为祭酒,最为老师"。在齐国遭人谗言,荀子又到了楚国。楚国的春申君听说了荀子的才华,便让他担任兰陵令一职。春申君去世后,荀子就一直待在兰陵,潜心著述。荀子有两位著名的弟子,韩非子和李斯,他们都是法家的重要代表人物。李斯还担任过秦始皇的丞相。

荀子崇"礼",将礼泛化到政治生活和社会活动的方方面面,他认为整个社会如果缺失了"礼"就不能正常运转,人如果缺失了"礼"就与禽兽无别。正如《礼记》里所说的:"道德仁义,非礼不成;教训正俗,非礼不备;分争辨讼,非礼不决;君臣、上下、父子、兄弟,非礼不定;宦学事师,非礼不亲;班朝治军,莅官行法,非礼威严不行;祷祠、祭祀、供给鬼神,非礼不诚不庄。""今人而无礼,虽能言,不亦禽兽之心乎?"荀子的"性恶论",也是基于他认为礼无所不能的观点。荀子说:"人之性恶,其善者伪也。"意思是说,人天生有很多欲望和缺点,要靠后天的改变和作为来使人变得善良。那么,靠什么来使人性由恶向善呢?那就是"礼"。

为什么荀子的两个出众的学生会是法家的代表人物呢?荀子曾将"礼"比作"绳墨""量衡""规矩",并说:"故绳墨诚陈矣,则不可欺以曲直;衡诚县矣,则不可欺以轻重;规矩诚设矣,则不可欺以方圆。"在荀子的论述中,"礼"是衡量一切是非的标准,这就使得"礼"在某种意义上具有了"法"的意味。荀子所说的"礼"有讲人情的一面,而韩非子和李斯则更多地继承并发扬了"礼"作为衡量标准的一面,故韩非子和李斯同时作为荀子的弟子和法家的代表人物,可以理解。

为了更好地学习和体会荀子的礼学思想,特节选《荀子·礼论》于下,供同学们阅读。

礼起于何也?曰:人生而有欲,欲而不得,则不能无求;求而无度量分界,则不能不争;争则乱,乱则穷。先王恶其乱也,故制礼义以分之,以养人之欲,给人之求,使欲必不穷乎物,物必不屈于欲,两者相持而长,是礼之所起也。

……

礼有三本：天地者，生之本也；先祖者，类之本也；君师者，治之本也。无天地恶生？无先祖恶出？无君师恶治？三者偏亡焉，无安人。故礼上事天，下事地，尊先祖而隆君师，是礼之三本也。

……

凡礼，始乎梲，成乎文，终乎悦校。故至备，情文俱尽；其次，情文代胜；其下，复情以归大一也。天地以合，日月以明，四时以序，星辰以行，江河以流，万物以昌，好恶以节，喜怒以当，以为下则顺，以为上则明，万物变而不乱，贰之则丧也。礼岂不至矣哉！

思考讨论

1. 根据课文内容，归纳出礼的作用。
2. "今人而无礼，虽能言，不亦禽兽之心乎？"谈谈你对这句话的认识。
3. 为什么"国君春田不围泽，大夫不掩群，士不取麛、卵"？
4. "岁凶，年谷不登……"一段所述内容属于"五礼"中的哪一类？

王　制

有虞氏养国老于上庠[1]，养庶老于下庠[2]；夏后氏养国老于东序[3]，养庶老于西序；殷人养国老于右学，养庶老于左学；周人养国老于东胶，养庶老于虞庠。虞庠在国之西郊。有虞氏皇而祭[4],深衣而养老[5]。夏后氏收而祭,燕衣而养老[6]。殷人冔而祭,缟衣而养老[7]。周人冕而祭,玄衣而养老。

凡三王养老,皆引年[8]。八十者,一子不从政;九十者,其家不从政;废疾非人不养者,一人不从政;父母之丧,三年不从政;齐衰大功之丧[9],三月不从政;将徙于诸侯,三月不从政;自诸侯来徙家,期不从政[10]。

(选自《礼记·王制第五》)

注释

[1]有虞氏:指舜帝。国老:告老退休的卿、大夫。上庠(xiáng):与下文的东序、右学、东胶,均为四代大学的称谓。 [2]庶老:古代退休的士。下庠:与下文的西序、左学、虞庠,均为四代小学的称谓。 [3]夏后氏:指夏朝。 [4]皇:与下文的收、冔(xū)、冕,均为四代祭冠的不同称谓。 [5]深衣:诸侯、大夫、士夕时所着之服,庶人以深衣为吉服。深衣服于外,衣裳相连,如后世之长袍。 [6]燕衣:飨燕宾客时所穿的礼服。 [7]缟衣:白布做成的深衣。 [8]引年:校订年龄。 [9]齐衰(zī cuī):丧服五服之一。齐:指衣裳边侧缏缝,衣裳用四升布。齐衰因服期不同分为四种:一、齐衰三年,父卒为母,母为长子,服之。二、齐衰杖

期,父在为母,夫为妻,服之。三、齐衰不杖期,为祖父母,世、叔父母,昆弟,服之。四、齐衰三月,庶人为国君,服之。　[10]期(jī):一年。

译文

舜帝时候,在上庠里奉养退休的卿大夫,在下庠里奉养退休的士;夏代,在东序里奉养退休的卿大夫,在西序里奉养退休的士;商代,在右学里奉养退休的卿大夫,在左学里奉养退休的士;周代,在东胶里奉养退休的卿大夫,在虞庠里奉养退休的士。虞庠在国家的西郊。舜帝时,祭祀戴着叫做皇的冠,穿着深衣举行养老礼;夏代祭祀,戴着叫做收的冠,穿着燕衣举行养老礼;商代祭祀,戴着叫做冔的冠,穿着缟衣举行养老礼;周代祭祀,戴着叫做冕的冠,穿着玄衣举行养老礼。

三代养老均要校订年龄。年满八十的,一个儿子不用服徭役;年满九十的,一家子不用服徭役;残废有疾病没有人奉养的,自己不用服徭役;父母去世,三年不用服徭役;服齐衰和大功丧服的,三个月不用服徭役;将要从大夫采邑迁徙到诸侯国的人,三个月不用服徭役;从别的诸侯国迁徙来安家的人,一年不用服徭役。

文史链接

汉文帝时期的养老、敬老政策

传统社会中,皇帝要在太学和小学为退休的公卿大夫和士举行养老礼,意在教导人们尊老敬老。上了年岁的老人可以享受国家赐予的布帛酒肉,汉代的皇帝还为这些老人颁发过王杖,通过王杖赋予老人某些权力。1959年和1981年甘肃磨嘴子汉墓出土了"王杖十简"和"王杖诏令书"。简中明确规定,对年七十以上的老人,全社会都要给予尊重。还规定被授王杖的老人,可以出入官府,可以在天子道上行走,在市场上做买卖可以不交税,触犯刑律如不是首犯可以不起诉。这些政令都充分显示出我国传统社会对老人的尊敬。

汉文帝元年三月,诏曰:"方春和时,草木群生之物皆有以自乐,而吾百姓鳏寡孤独穷困之人或阽于死亡,而莫之省忧。为民父母将何如?其议所以振贷之。"又曰:"老者非帛不煖,非肉不饱。今岁首,不时使人存问长老,又无布帛酒肉之赐,将何以佐天下子孙孝养其亲?今闻吏禀当受鬻者,或以陈粟,岂称养老之意哉!具为令。"

这则诏书是文帝刚即位就发布的,恰逢春季,万物滋生和乐。但是还有鳏寡孤独、穷困潦倒、濒于死亡之人,没有人去审视他们的疾苦。文帝自感身为民之父母,应该对这些人给予帮助,让他们继续生存。诏书还指出,在存问长老的过程中,或没有酒肉布帛之赐,或是官员舞弊,用陈旧的粮食去送给那些法律规定要给粮食的人。针对这些现象,诏书对赐予物品及受赐人的年龄都做了详细规定,并要求相关官吏要对整个过程参与监督。除此之外,为了保证人们的正常生活,文帝还多次下诏减免或取消租税,并赏赐布帛棉絮给孤寡的人。这些措施不仅为这些人提供了生活保障,还有劝导人们向善、纯化社会风气的作用。

思考讨论

1. 谈谈你对四代让退休的卿大夫和士在学校中养老的理解。
2. 三王养老为什么要"引年"?

礼 器

先王之立礼也,有本有文[1]。忠信,礼之本也;义理[2],礼之文也。无本不立,无文不行。

注释

[1]本:根本。文:文饰。　[2]义理:此处指礼的内在含义。

译文

先代的圣贤君王制定礼仪,有根本,有文饰。忠信是礼仪的根本,礼的内在含义是礼仪的文饰。礼仪没有根本就不能建立,没有文饰就不能施行。

礼也者,合于天时,设于地财,顺于鬼神,合于人心,理万物者也。是故天时有生也,地理有宜也,人官有能也[1],物曲有利也[2]。故天不生,地不养，君子不以为礼，鬼神弗飨也[3]。居山以鱼鳖为礼[4]，居泽以鹿豕为礼[5]，君子谓之不知礼。故必举其定国之数[6]，以为礼之大经。礼之大伦，以地广狭。礼之薄厚，与年之上下。是故年虽大杀[7]，众不匡惧[8]，则上之制礼也节矣。

注释

[1]官：官职。　[2]物曲：事物的性能。　[3]弗：不。飨：进献给鬼神的食物。　[4]鳖(biē)：甲鱼。　[5]豕(shǐ)：猪。　[6]举：总括，统筹。　[7]杀(shài)：这里指收成不好的年限。　[8]匡惧：恐惧，害怕。匡：通"恇"。

译文

礼仪，是符合天时，依据地财而设立，顺从于鬼神，迎合于人心，治理万物的。因此四季生长的事物各有不同，不同地势都有适宜的事物，人的官职都有自己的职能，事物的性能各有所利。因此，天时不生长的东西，当地不养育的东西，君子不会用这些东西来作为进献的礼物，即使进献了鬼神也不会享用。住在山地里的用鱼鳖做礼物，住在川泽附近的用鹿猪做礼物，君子称这种行为是不知道礼节。因此，一定要统筹全国的收入作为行礼的大纲。行礼的规模要依据国家的大小。行礼的贵重程度要依据一年的收成好坏。因此，即便遇上灾荒歉收的年份，民众也不会恐惧,这是因为君上制定礼仪有一定的节度。

礼,时为大,顺次之,体次之,宜次之,称次之。尧授舜,舜授禹;汤放桀[1],武王伐纣,时也。《诗》云:"匪革其犹,聿追来孝[2]。"

注释

[1]汤放桀:汤指商朝开国君王商汤,桀指夏朝最后的天子夏桀。　[2]"匪革其犹"二句:出自《诗经·大雅·文王有声》。

译文

对于礼,时是最重要的,其次是顺,再次是体,再次是宜,最后是称。尧交给舜,舜交给禹;商汤打败夏桀,武王攻伐商纣,这就是时。《诗经》说:"不是急于贯彻自己的方针,而是追承祖业来表达孝心。"

天地之祭,宗庙之事,父子之道,君臣之义,伦也。社稷山川之事,鬼神之祭,体也。丧祭之用,宾客之交,义也。羔、豚而祭,百官皆足;大牢而祭,不必有余,此之谓称也。诸侯以龟为宝,以圭为瑞。家不宝龟，不藏圭，不台门[1]，言有称也。

注释

[1]台门：天子诸侯宫门之上，两边起土为台，台上架屋，称为台门。

译文

祭祀天地诸神，祭祀宗庙祖先，父子之间的道义，君臣之间的道义，这是伦常。祭祀山川和鬼神，这是体。丧礼祭祀的花销，结交宾客的费用，这是道义。用羊羔和小猪作为牺牲的祭祀，参加祭祀的人会得到一份牲肉；用牛、羊等作为牺牲的大规模祭祀，也不一定有剩余，这就是称。诸侯将龟视为宝贝，将圭作为祥瑞的信物。家里面不将龟视为宝贝，不私下里藏圭，不建造台门，这说的是身份要与用度相称。

礼有以多为贵者：天子七庙[1]，诸侯五，大夫三，士一。天子之豆二十有六[2]，诸公十有六，诸侯十有二，上大夫八，下大夫六。诸侯七介、七牢[3]，大夫五介、五牢。天子之席五重[4]，诸侯之席三重，大夫再重[5]。天子崩，七月而葬，五重八翣[6]；诸侯五月而葬，三重六翣；大夫三月而葬，再重四翣。此以多为贵也。

（选自《礼记·礼器第十》）

注释

[1]庙：祭祀祖宗的场所。　[2]豆：盛肉酱等濡物的器皿，或以木为之，或以瓦为之，或以青铜为之。有：通"又"。　[3]介：副手。牢：二牲以上称牢。三牲为大牢，二牲为少牢，一牲为特。　[4]重：层。　[5]再：两，二。　[6]重：丧礼用于悬鬲的木架。未葬前以重为神主，葬后另立主，将重埋在祖庙门外。翣(shà)：棺饰，以木为框，蒙以白布，有柄，送葬时使人拿着。

译文

礼有以多为贵的。天子为祖先建七个庙，诸侯五个，大夫三个，士一个。豆这种礼器，天子有二十六个，诸公有十六个，诸侯有十二个，上大夫有八个，下大夫有六个。觐见天子时，诸侯有七个副手，天子用七个太牢招待；大夫配五个副手，天子用五个太牢招待。天子坐的席子有五层，诸侯三层，大夫两层。天子去世七个月下葬，设五个重、八个翣；诸侯去世五个月下葬，设三个重、六个翣；大夫去世三个月下葬，设两个重、四个翣。这就是礼以多为贵的情形。

文史链接

我国古代的礼器与尊卑

礼器,顾名思义,是古人举行各种典礼活动时所使用的器物、服饰及相关物品。礼器种类繁多,举行典礼的场合不同,使用礼器的种类也各有差异。比如,天子祭祀昊天上帝时使用的玉瑞是礼器,举行丧礼时的棺椁也是礼器。我国古代对使用礼器有着颇为严格的规定,天子、诸侯、公卿大夫以及士都要使用与自己身份级别相称的礼器。如果诸侯戴了有十二旒的冕,就要说他僭越了。因为按照礼的规定,天子的冕是十二旒,诸侯的冕为九旒。《礼记·檀弓下》中有这样一则故事:齐国的大夫晏子为自己父亲办丧事的时候,只用了一辆装载牲肉的小车。但是,按照礼的规定,大夫举行丧礼,要用五辆装载牲肉的小车。因此,有若便批评晏子算不上是一个懂礼的人。

根据《礼器》记载,古人使用礼器有以下一些规定:

第一,礼器的数量越多表示身份越尊贵。如天子可以立七座祭祀先祖的宗庙,诸侯可以立五座,大夫立三座,士只可以立一座,而"持手而食者不得立宗庙"(《荀子·礼论》)。也就是说,士以下的庶人是没有宗庙的,他们只能在正寝祭祀自己的祖先。

第二,以数量少来显示身份的尊贵。礼规定天子祭祀天神的时候只用一头牲牛;天子巡狩到诸侯的封国,诸侯要奉上的膳食也只用一头牲牛。这是因为天神以质朴为贵,诸侯侍奉天子也要像天子侍奉天神那样,所以只用一头牲牛。另外,天子一天只吃一顿饭食,因为天子"以德为饱";诸侯德行较天子降一等,因此一

曾侯乙墓"九鼎八簋"图

日吃两顿饭;大夫和士德行又次于诸侯,故一日吃三顿饭;至于平日里靠劳动才能获得粮食的庶人们,一天要吃好几顿饭。这也是"以少为贵"的一种体现。

第三,用礼器的大小来显示身份的高低。天子乘的车称为"大路",天子用的弓称为"大弓",这是礼器"以大为贵"的例子。祭祀宗庙的时候,身份尊贵的人为先祖进献容量一升的爵,地位卑下的人进献容量有五升的散,这是礼器"以小为贵"的情形。

第四,以使用器物高低来表明身份。天子居所,堂的侧边距离地面有九尺,诸侯的是七尺,大夫五尺,士只有三尺。祭天的时候不在地面上做高坛,只是将祭祀的地方除草休整一下。以上两个例子说的就是礼器"以高为贵"和"以低为贵"的情形。

第五,以器物的文饰或素朴来显示身份的贵重。例如天子穿的衮冕上衣绣有龙、山、华虫、火、宗彝五种图案,称为"五章",下裳绣着藻、粉米、黼(fǔ)、黻(fú)四种图案,称为"四章",共九章。

而士只能穿没有图案的黑色上衣和浅红色下裳。这是"以文为贵"的例子。再如天子祭祀天神用的大圭不假任何雕琢,这便是以素朴来显示尊贵的情况了。

在我国古代,礼是用来辨别尊卑等级的。所以,尊者不用卑者之礼,卑者更不能用尊者之礼。1978年,位于我国湖北随县(今随州)的曾侯乙墓出土了"九鼎八簋"的随葬青铜器。在我国古代,只有天子下葬才能随葬"九鼎八簋"。曾侯乙只是战国时期的一个小诸侯,随葬器物竟用天子的礼制,这就是典型的僭越。但春秋战国时期战争频繁,礼崩乐坏,这种情况是十分常见的。随着中央集权的大一统,战乱渐渐平息,新政权改正朔、易服饰,社会便在"礼"的规定下又开始正常有序地运转了。

思考讨论

请谈谈你对"故天不生,地不养,君子不以为礼,鬼神弗飨也"这句话的理解。

少　仪

毋拔来[1],毋报往[2],毋渎神[3],毋循枉[4],毋测未至。士依于德[5],游于艺。工依于法[6],游于说[7]。毋訾衣服成器[8],毋身质言语。

注释

[1]毋:不要,不可以。拔:突然,迅速。 [2]赴(fù):通"赴",投入,去。往:去,到。 [3]渎:轻慢,对事物不尊重。 [4]循:遵守,沿袭。枉:行为不合正道或违法曲断。 [5]依:按照,依据。 [6]工:指工匠。 [7]说:此处指技术原理。 [8]訾(zī):希求。

译文

不要突然来,不要马上去,不要亵渎神明,不要遵守不合正道的行为,不要预测没发生的事情。士人要凭依德行,来往于六艺之间。匠人要凭依法则,来往于技术之间。不要希求别人的衣服器皿,不要用自身去验证言语的真实性。

言语之美,穆穆皇皇[1]。朝廷之美,济济翔翔[2]。祭祀之美,齐齐皇皇[3]。车马之美,匪匪翼翼[4]。鸾和之美,肃肃雍雍[5]。

注释

[1]穆穆皇皇:恭敬美好。 [2]济济翔翔:整齐吉利。 [3]齐齐皇皇:诚敬向往。 [4]匪匪翼翼:形容马车行走时整齐威武。 [5]肃肃雍雍:庄严雍容,整齐和谐。形容祭祀时的气氛

和乐声。此处指马车前面的铃铛的声音优美。

译文

言语的美好,在于庄严肃穆。朝廷的美好,在于整齐吉利。祭祀的美好,在于诚敬向往。车马的美好,在于整齐威武。鸾和铃声的美好,在于庄严雍容、整齐和谐。

问国君之子长幼,长,则曰"能从社稷之事矣[1]";幼,则曰"能御[2]","未能御"。问大夫之子长幼,长,则曰"能从乐人之事矣[3]";幼,则曰"能正于乐人","未能正于乐人"。问士之子长幼,长,则曰"能耕矣";幼,则曰"能负薪[4]","未能负薪"。

注释

[1]从:参与。 [2]御:驾驶马车。 [3]乐人:指从事音乐的乐师。 [4]负薪(xīn):背柴火。

译文

询问国君儿子的年龄大小,如果是年长的,就说"能参与国家大事了"；如果是年幼的,就说"能驾马车了"或"还不能驾马车"。询问大夫儿子的年龄大小,如果是年长的,就说"可以参与乐师的事情了"；如果是年幼的,就说"能够接受乐师的指正了"或"还不能接受乐师的指正"。询问士的儿子的年龄大小,如果是年长的,就说"能够从事农事了"；如果是年幼的,就说"可以背柴火"或"还不能背柴火"。

  国家靡敝[1],则车不雕几[2],甲不组縢[3],食器不刻镂,君子不履丝屦[4],马不常秣[5]。

（选自《礼记·少仪第十七》）

注释

  [1]靡敝：残破凋敝。　　[2]几：孔颖达疏曰："几,谓沂鄂,不雕画漆饰以为沂鄂。"　　[3]组：古代指丝带。縢(téng)：系衣带。[4]履：此处作动词,穿鞋。屦(jù)：鞋子。　　[5]秣(mò)：喂牲口。

译文

  如果国家残破凋敝,那么乘坐的车子不雕刻花纹,铠甲不用丝带做的系衣带,吃饭用的器皿不雕花镂空,君子不穿丝质的鞋子,不常喂马。

文史链接

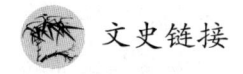

我国古代的车马

许慎《说文解字》"车部"曰:"车,舆轮之总名。"舆是指车可以装载东西的部分,后代指车;轮指有辐条可以转动的部分。凡是有这两部分的,均称为车。车也叫做路、辂、舆,古代天子乘坐的车子就称为"大路"。

我国古代,车的种类繁复多样,依据乘车者的等级、性别,用车的场合等,车的名称也不同。用于作战的车称为戎车,公、卿、大夫、士、庶人乘坐的车,有叫做夏篆、夏缦的,有叫做墨车、栈车、役车的。夫人们乘坐的车叫做鱼轩,这是一种有车盖和藩蔽的车。四匹马驾一辆车叫做一乘,由此可知古书上常说的"千乘之国"是怎样的规模。

古人将马分为种马、戎马、齐马、道马、田马、驽马六等,六种马分别驾不同的车。郑玄注《周礼》云:"玉路驾种马,戎路驾戎马,金路驾齐马,象路驾道马,田路驾田马,驽马给宫中之役。"马的名称也很多,《诗经·鲁颂·驷》中就提到十六种马名。天子、诸侯、公、卿、大夫的车马均有装饰,走起路来,垂饰相互撞击,发出美妙的声音,正如文中所说"鸾和之美,肃肃雍雍"。

思考讨论

1. 谈谈你对"毋拔来,毋报往"的理解。
2. 为什么问国君年长的儿子要说"能从社稷之事矣"?

3."国家靡敝"一段所述属于"五礼"中的哪一类？为什么？

深 衣

古者深衣，盖有制度[1]，以应规、矩、绳、权、衡[2]。短毋见肤，长毋被土[3]。

汉代深衣

注释

[1]盖：虚词，大概，可能。　[2]规、矩、绳、权、衡：引申为法则、规则、标准。规：画圆的仪器。矩：画直角或方形的器具。绳：木工用的墨线。权：秤锤。衡：秤杆。　[3]被：遮盖，遮覆。

译文

古代的深衣,大概有一定的制度来与圆规、尺子、墨线、秤锤、秤杆相适应。不能短得露出肌肤,不能长得覆盖住地面。

五法已施[1],故圣人服之。故规、矩取其无私,绳取其直,权、衡取其平。故先王贵之。故可以为文,可以为武,可以摈、相[2],可以治军旅,完且弗费[3],善衣之次也。

注释

[1]施:实行。 [2]摈(bīn)、相:古时引导他人行礼的人。
[3]完且弗费:制度完善而又节俭。

译文

(规、矩、绳、权、衡)五种法制都运用到深衣上,因此圣贤的人才穿着它。与圆规和直尺相适应,是取这两个物件不自私的含义;与墨线相适应,是取它正直的含义;与秤锤和秤杆相适应,是取它们公平的含义,因此先王们将深衣看得很贵重。深衣可以当作文服穿,可以当作武服穿,可以当作引导他人行礼的衣服穿,也可以当作治理军队的衣服穿,制度完善而又不浪费,是仅次于朝服和祭服的好衣裳。

具父母、大父母，衣纯以缋[1]。具父母，衣纯以青。如孤子[2]，衣纯以素。纯袂、缘、纯边[3]，广各寸半。

（选自《礼记·深衣第三十九》）

注释

[1]纯：镶边。缋（huì）：文饰。　[2]孤子：二十九岁以下丧父的人。　[3]袂（mèi）：袖子。

译文

如果父母、祖父母都健在，深衣就要镶带文饰的边。如果父母健在，深衣就要镶青色的边。如果是孤儿，深衣就要镶白色的边。在袖口和衣襟的边缘镶边，镶边各宽一寸半。

文史链接

不该穿错的"衽"

古人着装，上穿衣，下穿裳。上衣的领，有直领和交领两种穿法：直领相当于对襟，交领称为旁襟。旁襟又分为右衽与左衽。右衽即用左边的衣襟盖住右边的衣襟，在右腋下打结系带；左衽就是用右边的衣襟盖住左边的衣襟，在左腋下打结系带。古代人一般都采用右衽穿法，这是古人的常服。为什么这样穿呢？唐代人解经时指出,右衽穿法对于解开纽结比较方便(一般人以使用右手为主)。

左衽的使用,仅限于两种情况:一是人死之后;二是中原之外的少数民族。

给死者穿左衽,来源于中国古代的生死观念。古人认为,人死之后一切都应当与生前相反,包括阴阳、方位、时间、颜色等。所以,人死后的穿着也应当由右衽改为左衽,其宗旨在于"反生时"。《礼记·丧大记》规定,给死者穿的服装不仅要左衽,而且不用衿纽,要打上死结,因为死者的衣服不必再解开了。

《尚书》说"四夷左衽",披发、文身和左衽,成为周边少数民族的文化符号。春秋时期的管仲,曾经帮助齐桓公"救中国而攘夷狄",所以孔子感叹说:"微管仲,吾其被发左衽矣。"意思是说,如果没有管仲,我们早就沦为夷狄了。这多少带有一些中原人的文化优越感,是文化中心主义的表现。

楚国偏居南方,与中原文化确实有些差别。屈原的祖先熊渠曾经说:"我蛮夷也,不与中国号谥。"意思是说,我们楚人本来就是蛮夷,不必遵守中原文化的礼仪。说这话时,约为公元前九世纪。可是经过几百年的文化同化,到公元前三四世纪时,楚国早已成为中华文化的主流区域,楚人已相当"讲礼"了。与中原其他国家相比,楚人的礼仪制度、礼仪教育毫不逊色。屈原确实喜欢奇装异服,在《涉江》篇中他说自己"幼好奇服",而且这种兴趣"年老而不衰",看他戴崔嵬的切云冠,带闪亮的长剑,佩晶莹的宝璐,真是一个异类。但是,他怎么也不会去穿一件左衽的衣服。

从考古发掘的实物材料来看,屈原也应当是右衽。信阳楚墓出土的十件木俑上,衣着均为交领右衽。江陵马山楚墓中出土了八件木俑,其中四件彩绘女俑的着装方式是"用红黑二色绘交领右衽",四件男立俑的着装方式也是"墨绘直领、右衽,上衣下裳",这与文献记载没有什么不同。这些楚墓的下葬时间与屈原生活的年代相差不远,足以凭信。

服饰是传统文化的重要组成部分,其颜色、花纹、裁剪之法、穿着之法均因时、因地、因等级地位而异。欲详其制度沿革,可参看沈从文《中国古代服饰研究》、周锡保《中国服饰史》等书。

思考讨论

1. 谈谈深衣的用处。
2. 归纳深衣的几种穿着情况。

第三章 丧 服

曾子问

曾子问曰[1]:"三年之丧[2],吊乎[3]?"孔子曰:"三年之丧,练[4],不群立,不旅行[5]。君子礼以饰情,三年之丧而吊哭,不亦虚乎[6]?"

注释

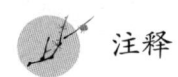

[1]曾子(公元前505—前432年):名参,字子舆,春秋末年鲁国南武城(今山东济宁嘉祥)人。孔子杰出弟子,后世儒家尊他为"宗圣"。 [2]三年之丧:丧服五服中,子为父、臣为君、妻为夫服斩衰三年;父卒为母,服齐衰三年。三年之丧,自始至丧毕,实为二十七个月。 [3]吊:吊问。 [4]练:小祥之祭称练。 [5]旅行:众人一起行走。 [6]虚:不真实的。

译文

曾子问孔子说:"服三年丧,可以去别人家吊丧吗?"孔子说:"服三年丧,过了小祥之祭,不能和众人站在一起,不能和众人一起行走。君子用礼仪来表达自己的感情。自己服着三年丧还去别人家吊丧,这不是很虚伪吗?"

曾子问曰:"父母之丧,弗除可乎[1]?"孔子曰:"先王制礼,过时弗举,礼也。非弗能勿除也,患其过于制也,故君子过时不祭,礼也。"

注释

[1]除:去掉,脱掉。

译文

曾子问孔子说:"为父母服丧,可以在服丧期满后不脱掉丧服吗?"孔子说:"先王制作礼仪时规定,超过时间就不再进行了,这是礼的规定。为父母服丧不是不能做到到了期限不脱掉丧服,是害怕这样的做法超出了礼的规定。因此君子过了时间就不举行祭祀了,这是礼的规定。"

贱不诔贵[1]，幼不诔长，礼也。唯天子称天以诔之。诸侯相诔，非礼也。

（选自《礼记·曾子问第七》）

注释

[1]诔(lěi)：叙述死者的功德，以表示哀悼之辞。

译文

地位低的不为地位高的追述功德，年纪小的不为年纪大的追述功德，这是礼的规定。只有天子可以自称是天，可以为已经去世的天子追述功德。诸侯互相追述功德也是不符合礼仪规定的。

文史链接

胡适《三年丧服的逐渐推行》(节选)

汉初几十年中，帝国的宗教上有一个最重大的变化，就是"以孝治天下"的观念称为国教的一部分。汉帝国的创立者多是无赖粗人，其中虽有天才的领袖，但知道历史掌故制度的人却不多。在这个当儿，叔孙通便成了一个极有用的人才。叔孙通制定了汉帝国的朝仪，又制定了宗庙仪法；他是孝惠帝的师傅，孝惠帝特别请他专管先帝园陵寝庙的事，故他所定的宗庙仪法和改定的汉朝"诸仪法"，很含有儒家伦理的色彩。他的朝仪是"辨上下，定民志"的制度,而他的宗庙仪法是"以孝治天下"的制度。如皇帝谥法上加一个"孝"字,大概即是叔孙通的创制。

……

这个孝的宗教在汉朝很有势力。如袁盎说汉文帝之孝:

陛下居代时,太后尝病三年,陛下不交睫,不解衣,汤药非陛下口所尝弗进。夫曾参以布衣犹难之,今陛下亲以王者修之。过曾参孝远矣。(《史记》一〇一)

三年目不交睫,这是绝不可能的事。但在这段话里,我们可以看出当时已有曾参等孝子的故事在社会上作"孝的宗教"的宣传品,略如后世的"二十四孝"故事。我们看后世出土的汉人坟墓里有曾参等孝子故事的壁画,也可以见当日孝的宗教的流行。

孝的宗教包括养生送死的种种仪节,在汉朝都渐渐成为公认的制度。如丧服一项,在古代本无定制。三年之丧只是儒家的创制;孔子的弟子宰我便有反对的言论(《论语·阳货第十七》);墨家很明白地说三年之丧是儒者之礼(《墨子·非儒》篇);孟子劝滕文公行三年之丧,滕国的父兄百官皆不赞成,说"吾宗国鲁先君莫之行。吾先君亦莫之行也"。但儒家的宗教传到的地方,三年之丧渐有人行。这是儒教的一种宗教仪式,还不能行于儒家以外的家。

……

后世学者(如何焯,如近人程树德先生)都以为汉制但不许大官告宁丁忧,而士人小吏却都行三年之丧。他们的意思似乎以为一般民人更容易行丧礼了……历史演进的痕迹并不如此。三年之丧在西汉晚年还是绝稀有的事。光武以后,不准官吏丁忧,此制更无法行了。直到二世纪上半,邓太后始著于诏令,长吏不为父母行服者不得典城,不得选举;又有诏许大臣行三年丧。但久丧实在太不方便,故几年之后,大官丁忧之制仍取消了。只剩"不行三年服,不得选举"一条律文,汉末的应劭还引此文。大官既不行此礼,小吏士人也必须用禁令去消极鼓励,小百姓自然不行此礼了。久丧不便于做官,更不便于力田行商的小百姓。刘恺不曾说吗?"浊其源而望流清,曲其形而欲影直,不可得也。"但安帝以后,三年之丧已成为选举的一种资格,故久而久之,渐成为风俗,这是《淮南王书》所谓"以伪辅情"的结果。千百年后,风气已成,人都忘了历史演变沿革的事实,遂以为三年之丧真是"天下之通丧",真是"三代共之"的古礼了!殊不知这种制度乃是汉朝四百年的儒教徒逐渐建立的呵!

我举此一端,以表现"孝的宗教"在汉朝逐渐推行的历史。

思考讨论

1. 请谈谈你对"非弗能勿除也,患其过于制也"这句话的理解。
2. 你认为"三年之丧"是否合理?说明理由。

丧服小记

为父母,长子稽颡[1]。大夫吊之,虽缌必稽颡[2]。妇人为夫与长子稽颡,其余则否。

注释

[1]稽颡(sǎng)：跪拜时头叩地。凶事之拜中最重者。
[2]缌(sī)：称为缌衰或缌麻，丧服五服中最轻之服。其服用布，为六百缕，缕经漂洗，织成布后不再漂洗。王为诸侯之吊服。据《丧服》，凡为族曾祖父母、族父母、族昆弟、妻之父母、舅、甥、婿等，均服缌衰三月，既葬除之。

译文

为父母服丧，长子拜宾时要头叩地。大夫来吊问，即使是服缌麻的人也要对大夫行稽颡礼。妇人为丈夫和长子服丧时，拜谢宾客要头叩地，为其他人就不用了。

父为士，子为天子、诸侯，则祭以天子、诸侯，其尸服以士服[1]。父为天子、诸侯，子为士，祭以士，其尸服以士服。

注释

[1]尸：代替死者接受祭祀的人，有男尸和女尸之分。若死者是男性，那么就把他的孙子或者孙子辈的人当作尸；如果死者是女性，必须以与她异姓的孙辈之妇为尸。

译文

父亲为士,儿子是天子或诸侯,祭祀死去的父亲时就要以天子和诸侯的礼仪,代死者受祭的尸要穿符合死者生前爵位的士服。父亲是天子或诸侯,儿子为士,祭祀死去父亲时就要以士的礼仪,代死者受祭的尸要穿符合儿子爵位的士服。

哭朋友者[1],于门外之右[2],南面[3]。

(选自《礼记·丧服小记第十五》)

注释

[1]哭:哭丧。　[2]于门外之右:此处意为站在门外的右边。　[3]南面:面向南方。

译文

为朋友哭丧的人,要站在死去朋友家门外的右边,面朝南方哭。

文史链接

我国古代的跪拜礼

跪拜礼是我国古代各种礼仪活动中比较重要的环节,跪和拜是两套不同的动作,两者搭配使用。跪要两膝着地,上半身挺直,股不坐到脚跟上。行拜礼要先跪好,然后拱手,头俯在手上,手和头的位置要与心齐平。

依据行礼动作的不同,跪拜礼可以分为五种,分别是稽首、顿首、空首、振动和肃拜。空首也叫做拜手,是拜礼中最常用的,行礼的动作大致是先跪好,然后拱手、低头,头和手的位置要与心齐平。稽首一般用于婚礼、冠礼等吉事场合,为该种场合中最恭敬的礼节。行稽首的动作要先行空首的动作,然后拱手至地,手到地面时不分开,然后头缓缓触地。丧礼等凶事的场合一般行顿首礼,动作大致与稽首差不多,只是要脑门碰到地面,并且头至地时要迅速。其实顿首也就是我们所说的稽颡礼,是丧礼中最重的一种拜礼。关于振动有很多说法,但一般认为振动就是丧礼中的踊,因为行礼时与稽颡礼相连,所以也把振动叫做拜了。肃拜一般是妇女行的礼,因为妇女平日里穿戴首饰和假发,低头不便,只要跪好后,头略低一下就好。古人行礼,还有一种动作叫做"揖",行揖礼时不用下跪,只拱手就可以了。这是古人行礼最轻的一种,就是人们相见互相作揖。

按照行礼场合的不同,跪拜礼又有吉拜和凶拜之分。所谓吉拜,就是在举行宾礼、嘉礼、吉礼等吉事场合行的跪拜礼。行礼时,男子拱手要左手包住右手,女子拱手要右手包住左手。所谓凶拜,则是指在丧礼、凶礼等凶事场合行的跪拜礼。行礼时,男子拱手要右手包住左手,女子拱手要左手包住右手。这是因为古人以左为尊、生死不同的缘故。除稽颡礼为丧礼场合专用外,其他都是通用于两种场合的。

按照行礼的次数,跪拜礼又有奇拜和褒拜之别。拜一次称为奇拜,拜两次或两次以上叫做褒拜。古人行礼一般只拜一次,如果表示恭敬有加一般拜两次,拜三次则是向所有宾客表示敬意。此外,古人有时候也讲究"变礼为宜",也就是依据具体场合来加重或减轻礼仪的动作,以衬托行礼者的心情。比如,古人在举行丧礼时,会行三次或三次以上的拜礼来衬托自己内心的哀情。

思考讨论

1. 为什么妇人要为其夫与长子行稽颡礼?
2. 谈谈你对"父为士,子为天子、诸侯,则祭以天子、诸侯,其尸服以士服"这句话的理解。

杂 记

凡讣于其君[1],曰"君之臣某死"。父母、妻、长子,曰"君之臣某之某死"。君讣于他国之君,曰"寡君不禄,敢告于执事"。夫人,曰"寡小君不禄"。大子之丧[2],曰"寡君之适子某死[3]"。大夫讣于同国,适者,曰"某不禄"。讣于士,亦曰"某不禄"。讣于他国之君,曰"君之外臣寡大夫某死"。讣于适者,曰"吾子之外私寡大夫某不禄,使某实"。讣于士,亦曰"吾子之外私寡大夫某不禄,使某实"。士讣于同国,大夫,曰"某死"。讣于士,亦曰"某死"。讣于他国之君,曰"君之外臣某死"。讣于大夫,曰"吾子之外私某死"。讣于士,亦曰"吾子之外私某死"。

注释

[1] 讣(fù):告丧。　[2] 大(tài)子:太子。　[3] 适(dí)子:指嫡子。适:通"嫡"。

译文

凡是臣子死了向国君告丧,就说"国君的臣子某人死了"。臣子的父母、妻子或者长子死了,向国君告丧,就说"国君的臣子某人的什么人死了"。国君死了,向别国国君告丧,就说"寡君不禄,请告诉管事的人";夫人死了,向别国国君告丧,就说"寡小君不禄";太子死了,就说"寡君的嫡子某人死了"。大夫死了,向同国的人告丧,地位相等的,就说"某人不禄";向士告丧,也说"某人不禄";向别国的国君告丧,就说"国君的外臣寡大夫某人死了";向外国与自己地位相等的人告丧,就说"您的国外的好朋友寡大夫某人不禄,让我前来告丧";向外国的士告丧,也说"您的国外的好朋友寡大夫某人不禄,让我前来告丧"。士死了,向同一个国家的人告丧,向大夫告丧,就说"某人死了";向士告丧,也说"某人死了";向外国的国君告丧,就说"国君的外臣某人死了";向外国的大夫告丧,就说"您外国的好朋友某人死了";向国外的士告丧,也说"您外国的好朋友某人死了"。

大夫冕而祭于公,弁而祭于己[1]。士弁而祭于公,冠而祭于己。士弁而亲迎[2],然则士弁而祭于己可也。

注释

[1]弁(biàn):首服之贵者为冕,其次为弁,又其次为冠。
[2]亲迎:婚礼六礼之第六礼。父命子往迎,婿亲往女家迎妇。

译文

大夫戴着冕参加国君的祭祀,戴着弁祭祀自己的宗庙。士戴着弁参加国君的祭祀,戴着冠祭祀自己的宗庙。士戴着弁迎娶妇人,然而士戴着弁祭祀自己的宗庙也是可以的。

为君使而死[1],公馆复[2],私馆不复。公馆者,公宫与公所为也。私馆者,自卿大夫以下之家也。

注释

[1]使:出使别国。　[2]复:招魂。

译文

为国君出使他国死了,如果死在公馆,就为他招魂;如果死在私馆,就不能为他招魂。公馆指的是国君的宫室和国君的别馆。私馆指的是卿大夫以下的私人家。

士丧有与天子同者三:其终夜燎[1],及乘人[2],专道而行。

(选自《礼记·杂记上第二十》)

注释

[1]燎:搭火把照明。　[2]乘人:人挽车,不用马。

译文

士级别的丧礼与天子级别的丧礼有三件事情是一样的:迁棺柩到祖庙的那天彻夜点着火把照明,用人来拉引柩车,有专门的路让柩车行走。

子贡问丧。子曰:"敬为上,哀次之,瘠为下[1]。颜色称其情[2],戚容称其服[3]。""请问兄弟之丧。"子曰:"兄弟之丧,则存乎书策矣[4]。"

注释

[1]瘠(jí):瘦弱。　[2]颜色:面容,面色。　[3]戚容:忧伤的面色。　[4]则:规定,法则。

译文

子贡请教关于父母丧事的问题。孔子说:"敬意是最重要的,其次是内心的哀伤,最后是身体的瘦弱。面容要与内心的感情相符合,忧伤的面色要与丧服相符合。"子贡又问关于兄弟丧事的问题。孔子说:"关于兄弟丧事的礼仪规定,已经记载在书里了。"

三年之丧,言而不语[1],对而不问。庐、垩室之中[2],不与人坐焉。在垩室之中,非时见乎母也,不入门。疏衰皆居垩室[3],不庐。庐,严者也。

注释

[1]言:说自己的事情。语:为他人说事。 [2]庐:居丧之处,又称倚庐。垩(è)室:粉刷成白色的屋子。 [3]疏衰:指粗糙的丧服。衰:丧服的上衣。

译文

服三年丧的时候,可以言说自己的事情,不能为别人议论事情,只对答不发问。居住在倚庐和垩室中,不和其他人住在一起。住在垩室中,除非按时去看望母亲,否则不能进入寝门。穿丧服的人都住在垩室,不住在倚庐。居住在倚庐的人都是非常悲伤的人。

三年之丧,以其丧拜[1];非三年之丧,以吉拜[2]。三年之丧,如或遗之酒肉[3],则受之,必三辞。主人衰绖而受之[4]。如君命,则不敢辞,受而荐之[5]。丧者不遗人。人遗之,虽酒肉,受也。从父昆弟以下,既卒哭[6],遗人可也。

县子曰[7]:"三年之丧如斩[8],期之丧如剡[9]。"

(选自《礼记·杂记下第二十一》)

注释

[1]丧拜:稽颡尔后拜手为丧拜。　[2]吉拜:先拜手,然后稽颡。也是丧礼的拜,比先稽颡后拜手要轻。　[3]或:有人。遗(wèi):给予,馈赠。　[4]衰绖(dié):此处代指丧服。　[5]荐:进献,祭献。　[6]卒哭:祭名。在葬后三虞之祭后。丧礼,自大殓以后,朝一哭,夕一哭,期间哀至则哭。至卒哭之祭后,则唯朝夕哭,期间不再哭,故祭名卒哭。　[7]县(xuán)子:人名。　[8]斩:用刀砍断。　[9]剡(yǎn):刮,削。

译文

在服三年之丧期间,要行稽颡尔后拜手的丧拜礼;如果不是服三年之丧,要行先拜手尔后稽颡的吉拜礼。在服三年之丧期间,如果有人馈赠酒肉,就接受,必须要再三辞谢。丧主人要穿着丧服来接受别人的馈赠。如果是国君的命令,就不敢推辞,接受馈赠并进献给先祖。服丧的人不能馈赠东西给别人。别人馈赠东西,即便是酒肉,也要接受。死者堂兄弟以下的亲属,等卒哭祭结束后,就可以馈赠东西给别人了。

县子说:"服三年之丧的哀痛就像是用刀砍断,服一年之丧的哀痛就像是用刀刮。"

文史链接

我国古代的冠冕

所谓冠,就是我们俗称的帽子,古人称为首服。但古人的帽子可不是随便戴的,根据爵位等级、典礼场合等的不同,帽子的材料、形制、颜色以及与衣裳的搭配都不同。

古人首服分冕、弁、冠三种。

古代冠冕图

冕是首服中最尊贵的。其形制如上图所示。上面覆盖的木板叫做延,延外包有麻布,朝上一面是黑色,朝下一面是红色。帽圈叫做武,延和武不相连。延的两边有丝带做的环状纽,武的两边有小孔。古人穿戴冕的时候,用笄(簪子)依次穿过冕一边的纽、孔、发髻,从冕另一边的纽和孔穿出,这样便可以将冕固定。延的前面有旒,旒用五彩的绳子和玉石制成。爵位等级不同,旒数以及每一旒上玉石的数量也不同。古礼规定,天子十二旒,每旒穿玉十二片;诸侯九旒,每旒穿玉九片;卿、上大夫七旒,每旒穿玉七片;大夫五旒,每旒穿玉五片。另外还有绕在两腮下的红色丝带,叫做纮。纮的两端分别系在簪子的两端,多余部分系玉石垂在耳边,叫做垂珥或瑱。

与冕相配套的服制叫做冕服。冕服有六种,分别是大裘冕、衮冕、鷩(bì)冕、毳(cuì)冕、希冕和玄冕。所有的冕服上衣的颜色都是黑色,下裳的颜色是浅红色,依据爵位等级和典礼场合不同,衣裳上所绣的图案也不同。

弁是仅次于冕的首服,根据材料不同,弁分为三种:用赤褐色的布做的爵(què)弁,用鹿皮做的皮弁,用浅赤色熟牛皮做的韦弁。爵弁形制与冕相似,但没有旒。皮弁和韦弁上尖下宽,呈圆锥状。用皮革裁成若干个三角形,以一角为顶点缝合。缝合的缝叫做会,每一会中都嵌有五彩的珠玉。弁的顶点处有用象骨做成的邸。弁用笄和纮固定住,与冕的固定方法类似。

与弁相搭配的服制叫做弁服。依据弁的材质不同,弁服又分为三种,分别用于不同的典礼场合。一种是爵弁服,带爵弁,着白色上衣和浅红色下裳。士一级别的人举行婚礼迎亲的时候要穿着爵弁服。一种是皮弁服,带白色鹿皮做的皮弁,穿白衣素裳。一种是韦弁服,带浅赤色熟牛皮做的韦弁,穿浅赤色熟牛皮衣裳,是古代的兵服。

冠又次于弁。冠有黑布做成的缁布冠,这是庶人的常服;也有用黑色的缯做成的玄冠,也叫做委貌,是大夫、士级别的人的礼冠。

古人对服饰的讲究由此可见一斑。服饰是礼的重要组成部分,不同爵位、不同典礼场合要穿着不同的服饰,以显示等级尊卑。我国古代的服饰多种多样,其做工之精良、外形之美观,无不彰显着古人的审美观与智慧。古代服饰作为中华民族传统文化的重要组成部分,需要我们去继承和弘扬。

思考讨论

1. 归纳出各级别告丧的用语。
2. 谈谈你对"为君使而死,公馆复,私馆不复"这句话的理解。
3. 做一做冕、弁和冠的模型,和同学们分享你的制作过程。

丧大记

疾病,外内皆埽[1]。君、大夫彻县[2],士去琴瑟。寝东首于北牖下[3],废床[4],彻亵衣[5],加新衣,体一人。男女改服。属纩以俟绝气[6]。男子不死于妇人之手,妇人不死于男子之手。君、夫人卒于路寝[7],大夫、世妇卒于适寝[8],内子未命则死于下室[9],迁尸于寝,士、士之妻皆死于寝。

注释

[1]埽(sǎo):用笤帚等除去尘土。　[2]彻:撤去,除去。县:

通"悬"。此处指悬挂在筍簴(sǔn jù)上的钟磬等乐器,叫做乐悬,也简称悬。　[3]东首:头朝东。北牖(yōng):此处为"墉"的误写,室中房中之墙。　[4]废:停止,不再使用。　[5]亵(xiè)衣:内衣。　[6]属纩(zhǔ kuàng):棉絮。俟:等待。　[7]路寝:即正寝。　[8]适(dí)寝:正寝。　[9]命:国君任命官职。下室:内室,内堂。

译文

病人病情严重时,要把室内外都打扫干净。国君、大夫要撤去钟磬等乐器,士要撤去琴瑟。病人头朝东躺在室中之北墙下,撤去床和内衣,穿上新衣,四个人扶持病人的四肢。家中男女换上新衣服。用棉絮放在病人鼻孔处来观察病人是否断气。男子不能死在妇人的手中,妇人不能死在男子的手中。国君及夫人要死在正寝里,大夫和世妇要死在正寝里面,卿的正妻没有由国君赐予爵位的就应该死在自己的内屋,小殓后将尸体迁到正寝,士和士的妻子要死在正寝。

复[1],有林麓,则虞人设阶[2];无林麓,则狄人设阶[3]。小臣复,复者朝服。君以卷[4],夫人以屈狄[5],大夫以玄赪[6],世妇以襢衣[7],士以爵弁[8],士妻以税衣[9],皆升自东荣[10],中屋履危[11],北面三号[12],卷衣投于前,司服受之[13],降自西北荣。其为宾,则公馆复,私馆不复。其在野,则升其乘车之左毂而复[14]。复衣不以衣尸,不以敛。妇人复,不以袡[15]。凡复,男子称名,妇人称字。唯哭先复,复而后行死事。

(选自《礼记·丧大记第二十二》)

注释

[1]复:丧礼,为死者招魂。　[2]林麓(lù):山林。虞人:职官名,掌管山泽、苑囿(yòu)、田猎。　[3]狄人:掌管音乐的下级官吏。　[4]卷(gǔn):通"衮"。衮冕,礼服之一,玄衣纁裳,衣花有龙、山、华虫、火、宗彝五章,裳绣以藻、粉米、黼(fǔ)、黻(fú)四章,共九章。天子及九命之三公可服。　[5]屈(què)狄:王后六服之一。王后祭群小祀服之,诸侯之夫人亦得服之。其色赤。屈:通"阙"。　[6]玄赪(chēng):玄衣赤裳,为古代的礼服。　[7]襢(zhàn)衣:妇人礼服之一。无画绣,白色。亦作"展衣"。　[8]爵弁:以赤而微黑之布为之,形如冕,无旒。其服制为上黑色丝衣,下红色丝裳,黑大带,红色韦韍。爵弁服,为大夫祭于家庙,士助祭于君之服。士冠礼三加,士婚礼亲迎亦穿爵弁服。　[9]税(tuàn)衣:王后六服之一。黑色,为王后燕居之服;诸侯之夫人至士之妻均得服之,以为礼服。　[10]东荣:正房东边的廊檐。　[11]履危:蹈践高危之处。　[12]北面:面朝北方。号:拖长声音大声呼叫。　[13]司服:职官名,掌管王之吉凶衣服,辨别其名号、物色及用途。　[14]毂(gǔ):车轮中心的原木,周围与车辐的一端相接。　[15]袡(rán):古代女子出嫁时所

穿的结婚礼服。

译文

招魂,如果封国里有山林,就由掌管山林川泽的虞人搭设上房的木梯子;如果国土内没有山林,就由掌管音乐的小官搭设上房的木梯子。小臣招魂,招魂的人要穿上朝的礼服。为国君招魂,要用衮冕礼服;为夫人招魂,要用阙狄礼服;为大夫招魂,要用玄赪礼服;为世妇招魂,要用襢衣礼服;为士招魂,要用爵弁礼服;为士的妻子招魂,要用税衣礼服。都是由招魂的小臣拿着礼服从正房东边的廊檐上房,蹈践屋脊这样高危的地方,面向北拖长声音大叫死者的名字三次,将招魂的礼服卷起来扔在房前,掌管衣服的官员将礼服拿起来,招魂的小臣从正房西边的廊檐下来。若受国君派遣出使他国并死在他国,就在他居住的公共办事处为他招魂;如果是因为自己的私事出国并死在私人的家中,则不举行招魂礼。如果在田野中死了,就从他乘坐的车子的左边车轴上去为他招魂。招魂所用的礼服不能用来给尸穿,也不能用来装殓。为妇人招魂不能使用她结婚时所穿的礼服。凡是招魂,为男子招魂就叫他的名,为女子招魂就叫她的字。病人刚刚死去,只有哭是在招魂之前,其他的丧礼环节都在招魂之后举行。

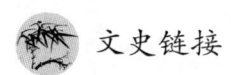

文史链接

古人丧礼简介(一)

在我国古代,人们特别看重生命中的三个环节:一曰生,一曰死,一曰成人。古人说生生不息是天地之大德,古人还要求人们要慎终追远,享孝祖先。正因为对天地、祖先的敬畏和崇拜,古人才特别重视这三点。

古人为死去的亲人置办丧事,程序仪式复杂,参与人数众多,持续时间很长。为死者主丧的人是其嫡长子,也称为主人。丧礼的规格要与死者生前的爵位相当,这是礼要求"称"的体现。所有人都要依与死者关系的亲疏程度来确定丧服的规格和服丧期的长短,这些都要与对死者的哀悼之情相符合。在仪式与哀情的抉择中,古人还是倾向于哀情的。宁可哀情有余而礼不足,也不可哀情不足而礼有余。

古人讲究"寿终正寝",平时居住在燕寝中,但病重时要移居到正寝里。听闻有人病重,国君会遣使去问病,朋友邻里也会前来探望。家里人还要祭祀祷告诸位神明,希望神灵庇佑病人。病人快要死的时候,气息已经很微弱了。为了判断病人是否还有气息,随侍的人会将少许棉絮放在病人的鼻子前面,如果棉絮不飘动,就证明病人已经断气了。

病人一断气,随侍的人就要立刻拿着与死者生前爵位相称的礼服,从屋檐的东南面登上屋脊,站在屋脊中央面向北大声呼喊死者的名字,为死者招魂。呼喊之后,随侍的人把礼服从前面的屋檐扔下来,下面要有人接住,把礼服拿回去给死者盖在身上。在古人的观念里,人刚刚死去,他的魂魄还在附近。北方为幽冥之所在,人死之后的魂魄都会飞到北方,所以要面朝北呼喊,希望死者的魂魄可以再回到死者的身体里。由此也可以窥探古人的生死观念。

招魂之后,死者要被移动到室中南窗下的床上,脱掉招魂的礼服和死时所穿的衣服,用殓被覆盖。因为人死后尸体会变得僵硬,所以要把提前准备好的木楔放在死者的上下牙齿之间,保证稍晚些可以在死者口里放进贝壳或珠玉。用燕几把死者双脚卡住,是害怕尸体僵硬不直。

对死者尸体安顿一番后,再在尸体东面摆上肉酱、醴酒等祭品为死者设奠,供死者的灵魂凭依,并用布帷把堂遮起来,希望亲人不要嫌恶。

思考讨论

1. 国君、大夫和士为什么要撤去乐器?
2. 谈谈你对古人为死者招魂的认识。

奔 丧

奔丧之礼:始闻亲丧,以哭答使者,尽哀,问故,又哭,尽哀。遂行[1],日行百里,不以夜行。唯父母之丧[2],见星而行,见星而舍[3]。若未得行,则成服而后行[4]。过国,至竟哭[5],尽哀而止,哭辟市朝[6]。望其国竟哭。至于家门,入门左,升自西阶,殡东[7],西面坐,哭尽哀,括发、袒[8]。降,堂东即位,西乡哭[9],成踊[10]。袭、绖于序东[11],绞带[12],反位,拜宾,成踊,送宾,反位。有宾后至者,则拜之、成踊、送宾皆如初。众主人、兄弟皆出门,出门哭止,阖门[13],相者告就次[14]。于又哭,括发、袒,成踊。于三哭,犹括发、袒,成踊。三日成服,拜宾,送宾,皆如初。

（选自《礼记·奔丧第三十四》）

注释

　　[1]遂:于是,就。　　[2]唯:只,只有。　　[3]舍:放开,停下来。　　[4]成服:丧礼,殡之明日,即第四日,有服者,各服丧服规定的冠衰履,叫做成服。成服后,始歠(chuò)粥,朝夕哭。　　[5]竟:通"境",国境。　　[6]辟:通"避",避开。　　[7]殡:丧礼,大殓将尸体放进棺材,棺暂停于殡中,叫做殡。　　[8]括发:丧礼,去掉束发的布帛,而用麻结发。　　[9]乡:通"向",面朝。　　[10]成踊:踊,丧礼中哀恸的表示。一踊三跳,三踊九跳,称为成踊。　　[11]袭:丧礼,始死之日,为尸沐浴、饭含之后,为尸加幎目、履、穿衣、加帽等,总谓之袭事。绖:丧服所系之带,以麻为之。在首为首绖,在腰为腰绖。　　[12]绞带:丧服。以苴(jū)麻绞成的绳子,系在腰中。　　[13]阖(hé):关闭。　　[14]相者:古代引导行礼的人。次:以布帷、芦席临时张设供休息的场所。凡大祭祀、朝觐、田猎、射礼、冠礼、丧礼均有设次之事。

译文

奔丧的礼仪：刚开始听闻亲人的丧事，用哭来回答告丧的使者，以尽自己的哀情，询问缘故，又哭，以尽自己的哀情。然后出发，白天行走百里路，不在晚上行路。只有父母的丧事，还没出太阳的时候就出发，晚上看见星星就停止。（如果因为身负国君的命令）未能出发的，就在死者死后第四天换好自己的丧服出发。经过别的国家，到达国境了就要哭，表达了自己内心的哀情之后就停止，哭的时候要避开集市和办公的地方。看见了自己国家的边境就要哭。到了家门口，从门左边进去，从西阶上堂，在殡的东边面向西坐下，哭要尽自己内心的哀情，去掉束发的布帛而用麻绳束发，袒露左臂。下堂，在东阶就哭位，面向西哭，行三踊九跳礼。为尸体加幎目、履、穿衣、加帽后，在东序东边加绖带，在腰间系上苴麻做的带子，返回哭位，拜谢前来吊问的宾客，行三踊九跳礼，将宾客送至哭位。有来迟的宾客，拜谢后行三踊九跳礼，送宾客到哭位，这些环节都和刚才一样。死者的庶兄弟和丧主人的兄弟都出殡宫门，出门后就停止哭，然后将殡宫门关上，引导行礼的人号令大家都站在临时搭建的休息场所中。第二次哭的时候，用麻绳束发，袒露左肩，行三踊九跳礼。第三次哭的时候，仍然用麻绳束发，袒露左肩，行三踊九跳礼。三天后大家就穿上自己该服的丧服，拜谢来吊问的宾客、送宾客，都和刚开始一样。

> 文史链接

古人丧礼简介(二)

如果一家有了丧事,除了要告知亲戚朋友,主人还要遣使告诉国君和上级官员。如果死者是卿、大夫或者士,那么其丧事还要告知其他诸侯国的国君和诸位官员们。遍告上级、亲友之后,死者的诸位亲戚就要按照性别、与死者的亲疏关系,各自站在应该站的位子上哭泣,以表示对死者的哀戚之情。

得知某家有丧事,国君、官员及亲戚朋友们都要去登门吊问死者,并送上为死者装殓用的衣服和衾被。国君一般不亲自登门吊问,而是派遣使者去。国君的使者来吊问时,主人要先将帷堂撤去,并亲自在寝门外迎接。行完相关礼节后,主人要在大门外拜送使者。大夫以下级别的人来吊问,主人就不用在门口迎送了,这是礼有等级差别的体现。

在古人的观念里,人刚死时,灵魂会在其生前居住的地方停留。为了让死者的灵魂有所凭依,人们除了在人刚死时为他设奠外,还会为死者做旌铭。旌铭是用一尺长、三尺宽的黑布条和二尺长、三尺宽的红布条拼接而成,红布条上要书写"某氏之某柩"来表明死者的身份。死者入殡之前,旌铭要挂在竹竿上竖于西面的台阶,入殡后便撤下来盖在殡上。

死者装殓之前,亲人要为死者沐浴修整,然后穿上事先准备好的衣物,并在死者嘴里放上用米填满的贝壳。这一切都安顿好之后,要在庭里设一个木头做的十字架,古人称之为"重",架子两边各悬挂一个叫做鬲(lì)的容器。"重"是供死者灵魂凭依的,两个鬲则是用来煮稀粥的。出于心情悲伤及忙于为死者筹备丧礼等原因,古人在守丧期间不吃饭食。为了让守丧的人不至于饿死,要在院子里煮一些稀粥供他们食用。晚上还要在院子里点上火把,用于照明。

以上及《古人丧礼简介(一)》中所述的内容,均是病人死的第一天要做的事情。第二天天明了,就要为死者穿上小殓的衣服并设小殓奠。第三天天一亮,在堂上西阶的地方挖一个坑,把棺放进坑中。然后把小殓奠和帷堂撤去,为死者穿上大殓的衣物,将死者放入棺中,盖上棺盖。主人拜送吊丧的宾客之后,死者的亲人们就要按照与死者的亲疏关系居住在门外设好的丧次中为死者守丧了。

思考讨论

用自己的话叙述古人奔丧礼的环节。

问　丧

其往送也,望望然[1],汲汲然[2],如有追而弗及也。其反哭也,皇皇然[3],若有求而弗得也。故其往送也如慕[4],其反也如疑。

求而无所得之也,入门而弗见也,上堂又弗见也,入室又弗见也。亡矣,丧矣,不可复见矣[5]！故哭泣辟踊[6]，尽哀而止矣。心怅焉[7]，怆焉[8]，惚焉[9]，忾焉[10]，心绝志悲而已矣。祭之宗庙，以鬼飨之[11]，徼幸复反也[12]。

(选自《礼记·问丧第三十五》)

注释

[1]望望然：据郑注，"望望然者，瞻望之意也"。　[2]汲汲然：据郑注，"汲汲然者，促急之情也"。　[3]皇皇然：据郑注，"皇皇然者，彷徨也"。　[4]慕：号慕，小儿号哭母亲。　[5]复：再次。　[6]辟踊：捶胸顿足，形容哀痛至极。　[7]怅：失意，不痛快。　[8]怆：悲伤。　[9]惚(hū)：仿佛。　[10]忾(xì)：叹息。[11]飨：祭祀。　[12]徼(jiǎo)幸：希望得到意外。

译文

孝子送葬时，一副不断瞻望的样子，心情着急焦虑，好像是有要追的东西却没有追到。孝子送葬返回来哭泣时，一副彷徨的样子，好像有所求却没有得到。因此，孝子为父母送葬时就像孩子号慕自己的母亲，送葬归来时疑疑惑惑，就像自己的亲人又回来了。

寻求亲人却找不到，进了门没有见到，上了堂也没见到，进了室也没见到。亲人已经去了，已经去了，再也见不到了！因此哭泣、捶胸顿足，尽情表达自己的哀情才停止。内心失意，悲伤，恍惚，叹息，内心绝望、意志悲怆。将死去的亲人供奉在宗庙里祭祀,把他们当做鬼神来祭祀,希望他们可以再回来。

> 文史链接

古人丧礼简介(三)

  我国古代有公共墓地。死者殡后,掌管墓地的官员会将死者下葬的区域划好,并挖去表层的土,对墓地的吉凶进行占卜。若得吉兆,就地开挖;若得凶兆,则要另选墓地。此外,古人下葬的日子也要由占卜来决定。按照礼的规定,天子死后七个月下葬,诸侯为五个月,大夫、士死后三个月就要下葬。下葬的日子应在葬前的一个月卜得,并告诉国君、官员以及死者的亲戚朋友。

  古人下葬除用棺之外,棺的外面还有椁。下葬时使用棺和椁的数量是根据死者生前的爵位等级来确定的。死者殡后十天,主人会将制作椁的木材交给工匠,工匠做好之后,主人要亲自查看。古人下葬时还会有陪葬的明器放在棺椁中,这些随葬品制作好了,主人也要亲自查看。

  快到下葬的时候,要把死者的棺柩从殡中抬出来,去祖庙举行死者与祖宗的告别仪式。我国古代的礼规定,人们出行的时候要到祖庙里去告知众位祖先。此时抬着死者的棺柩去告庙,也带有这样的意味。告庙之后,来吊丧的亲戚朋友们在商祝的引导下拉着装有棺柩的车子前往墓地。到达后,将随葬物品陈放好,众人把椁和棺放入墓室,在棺椁之间放一些随葬品和提前包好的牲肉,然后盖上椁板,覆上席子和木头架子,用土封好就可以了。

  至此,死者的亲人们便再也见不到死者的面容了,正所谓"入门而弗见也,上堂又弗见也,入室又弗见也"。在哪里都再看不到死去的亲人了。所以死者下葬后,其亲人的内心是失落的、悲伤的,只能将他们供奉在祖庙里,希望死去亲人的灵魂可以再回来。

死者下葬之后,主人和众位亲戚以及来吊丧的宾客们就返回到祖庙里去哀哭了。在祖庙里哭过后,主人拜送宾客,并和亲人们一起返回殡宫里哀哭。哭完,主人将众位亲戚送走,自己就居住在守三年丧的倚庐里了。

死者下葬的那天要举行祭祀,这次祭祀叫做首虞;隔一天再祭祀一次,叫做再虞;再虞的第二天再举行祭祀一次,叫做三虞。三虞之后隔一天要举行卒哭祭。所谓卒,就是最后的意思。卒哭,也就是最后一次哀哭。卒哭祭过后,就要停止每天早晨和傍晚哀哭死者了。卒哭祭后的第二天,死者的灵位会按照昭穆的顺序被奉进祖庙,正式享受后代的祭祀。死者葬后一周年举行小祥祭,小祥祭又叫做练祭。两周年举行大祥祭。大祥祭后一个月举行禫(dàn)祭。到此,三年之丧就结束了。

思考讨论

1. 谈谈你对"故其往送也如慕,其反也如疑"这句话的理解。
2. 结合文史链接,复述一下我国古代丧礼的程序。

服　问

三年之丧既练矣[1],有期之丧既葬矣,则带其故葛带,绖期之绖,服其功衰[2]。有大功之丧亦如之[3]。小功无变也[4]。

注释

[1]练:小祥祭,在死者葬后一周年举行。　[2]功衰:代指丧服。　[3]大功:丧服五服之一。其服用熟麻布制成,较小功略粗。衣裳用七升布,服期九个月。为姑、姊妹、出嫁的女儿、从父昆弟等服之。　[4]小功:丧服五服之一。其服以熟麻布制成,略优于大功。衣裳用十升布,服期五个月。为曾祖父母、从祖父母、从昆弟等服之。

译文

服三年丧已经过了小祥祭了,期间又遭遇了一年丧也已经入葬,这时腰绖就系原来三年丧的葛腰绖,首绖就系一年丧的葛首绖,丧服穿大功的丧服。期间又遭遇的大功丧也已经入葬,丧服也和上面一样。又遭遇小功丧,丧服也不变化。

麻之有本者[1],变三年之葛[2]。既练,遇麻断本者,于免绖之[3],既免去绖。每可以绖必绖,既绖则去之。

注释

[1]麻:此处指麻质的首绖和腰绖。有本:指有根的麻。遇大功衣裳的丧事,首绖和腰绖都用带根的麻制成。小功以下丧事,首绖和腰绖则用没有根的麻制成。　　[2]葛:指葛质的首绖和腰绖。[3]免(wèn):丧礼,以免代冠,以布自项中交于额上,又绕后系于发结。

译文

遇到大功衣裳的丧事,要使已经改系葛绖的服三年丧的人易为麻绖。过了小祥祭,遇到小功以下的丧事,在小功以下丧事需要着免的时候就系麻首绖,需要着免的事情过去了就把麻首绖去掉。类似上面这样每当可以加首绖的时候就一定加上首绖,加首绖的事情过去了就除去首绖。

小功不易丧之练冠,如免,则绖其缌、小功之绖,因其初葛带。缌之麻,不变小功之葛;小功之麻,不变大功之葛。以有本为税[1]。

(选自《礼记·服问第三十六》)

注释

[1]税(tuì):丧期过而追丧服。

译文

遇到小功、缌麻之丧不改变三年丧小祥祭时所戴的练冠。如果遇到小功、缌麻之丧需要着免,就系缌麻、小功之丧的首绖,仍系三年丧的葛腰绖。缌麻初丧虽系麻腰绖,但不改变小功丧已经改系的葛腰绖。因为只有大功衣裳之丧才能使前面的重丧在改系葛腰绖之后又换系麻腰绖。

文史链接

释"五服"

古人所说"五服",有多层意思,若分辨不清,不仅会误读经文,还会闹出笑话。这就需要结合文义语境来确定其具体含义。

"五服"就服饰而言,可以分为吉服五服和凶服五服。

吉服五服是指天子、诸侯、卿、大夫、士所穿的五等服式。

凶服五服即丧服,是生者为死者居丧期间所穿的衣服。丧服依据生者与死者关系的远近亲疏可分为斩衰、齐衰、大功、小功、缌麻五等。丧服又依据六种不同的情况分为十一章,这六种情况是:冠、衰、裳使用麻布升数和缝制方法不同;首绖、腰绖使用材料有麻、葛、布之差;服丧期间用杖与否;鞋子使用材料有草、麻、布之别;服丧期间有无更换较轻丧服,若无更换,古人称为"不受",若更换,古人称为"有受";服期长短不同。

一般而言,与死者关系越密切,所服丧服等级越高,丧服材质越粗糙,服期也越长。相反,与死者关系越疏远,所服丧服等级越低,丧服越接近常服,服期也越短。

由丧服引申,"五服"也可以代指亲属关系。例如,现代仍有人用"出了五服"来指代别人与自己亲属关系较远。

此外,古人将王畿之外每五百里称作"服",以王畿为中心,由近及远可划分为侯服、甸服、绥服、要服、荒服,这也称为"五服"。

思考讨论

什么是"大功"和"小功"?

间　传

斩衰之哭[1],若往而不反[2];齐衰之哭,若往而反;大功之哭,三曲而偯[3];小功、缌麻,哀容可也[4]。此哀之发于声音者也。

注释

[1]斩衰:为丧服五服中最重之服。斩:指衣裳边不缝。衰:上衣。衣裳用最粗三升布。服期三年。在三月葬后,服逐步减轻。二十七月丧毕。子为父、父为长子、妻为夫、臣为君服之。　[2]若:好像。反:通"返",回,归。　[3]偯(yǐ):哭的余声,曲折委婉。[4]缌麻:丧服五服之最轻者,也叫做缌衰。其服用布为六百缕,缕经漂洗,织成布后不再漂洗。王为诸侯之吊服。凡为族曾祖父母、

族祖父母、族父母、族昆弟、妻之父母、舅、甥、婿等,均服缌麻三个月,既葬除之。哀容:致哀时稍微容饰。

译文

服斩衰丧服的哭声好像哭出来了就收不回来了;服齐衰丧服的哭声好像哭出来还可以收回来;服大功丧服的哭声好像是哭的余声,委婉曲折;服小功和缌麻丧服,只要在致哀时稍微容饰即可。这就是哀痛在声音上的表现。

斩衰唯而不对[1],齐衰对而不言[2],大功言而不议[3],小功、缌麻议而不及乐[4]。此哀之发于言语者也。

注释

[1]唯:表示应答的语气词。对:答,回答。 [2]言:指主动和别人说话。 [3]议:评论是非。 [4]乐:指和别人说话用以娱乐。

译文

服斩衰丧服只应不答,服齐衰丧服答而不主动和别人说话,服大功丧服可以主动说话但不能评议是非,服小功和缌麻丧服可以评议是非但不能以此为乐。这就是哀痛在言语上的表现。

斩衰三日不食,齐衰二日不食,大功三不食,小功、缌麻再不食[1],士与敛焉则壹不食[2]。故父母之丧,既殡食粥,朝一溢米[3],莫一溢米[4]。齐衰之丧疏食[5],水饮,不食菜果。大功之丧不食醢酱[6]。小功、缌麻不饮醴酒。此哀之发于饮食者也。

注释

[1]再:两,此处指两顿饭不吃。　[2]敛:指死者入殓。壹:指一顿饭不吃。　[3]朝:早晨。溢:一又二十四分之一为一溢。[4]莫:晚上。　[5]疏食:吃粗粮。　[6]醯(xī)酱:醯即酸醋,调于醢(hǎi)酱中,故常醯醢、醯酱连称。

译文

服斩衰三天不吃饭,服齐衰两天不吃饭,服大功三顿不吃饭,服小功和缌麻两顿不吃饭,士参加入殓了就一顿不吃饭。因此父母的丧事,殡之后才能喝粥,早晨喝一溢米,晚上喝一溢米。齐衰之丧吃粗粮,喝水,不吃水果蔬菜。大功之丧不吃肉酱。小功、缌麻之丧不喝醴酒。这就是哀痛在饮食上的表现。

父母之丧,既虞卒哭,疏食水饮,不食菜果。期而小祥[1],食菜果。又期而大祥[2],有醯酱。中月而禫[3],禫而饮醴酒。始饮酒者先饮醴酒,始食肉者先食干肉。

(选自《礼记·间传第三十七》)

注释

[1]小祥:即小祥祭。 [2]大祥:即大祥祭。 [3]禫:丧祭名。三年之丧二十七月而禫,于大祥祭中隔一月。三年之丧至此而毕。

译文

为父母服丧,等虞祭和卒哭祭结束后,只吃粗粮和水,不吃水果蔬菜。到了一周年的小祥祭,可以吃水果蔬菜。再过一年,到了两周年的大祥祭,可以吃用酸醋调过的肉酱。再过一个月,举行禫祭,可以喝醴酒。开始喝酒的先喝醴酒,开始吃肉的先吃干肉。

文史链接

古人饮食小常识

古人的饮食大致由谷类、肉类和蔬果组成。谷物作为主食,是古人每餐必不可少的。自古就有五谷、六谷、百谷之说。一般认为,五谷是指黍、稷、麦、菽、麻五种作物。黍是黄米,北方人称为黍子。《论语·微子第十八》有"杀鸡为黍而食之"的记载,可见黍在古代是比较重要的粮食。稷是小米,我们熟知的"社稷"一词,即是用社神和稷神合称来指代国家。社神即土地神,稷神即谷物神,由此可见稷的重要性。麦有大麦和小麦两种。菽是豆子。麻是指麻子,不是主要的粮食作物。

肉类作为辅助食物,在日常饮食和祭祀中扮演着重要角色。古人祭祀时用牲肉,一般以牛、羊、豕为牲。祭祀用牲肉又有太牢、少牢之分。若三牲均用,称为太牢;若只用羊和豕而不用牛,称为少牢。此外,古人还食鸡、鸭、鹅、狗等其他肉类。

古人还吃干肉和肉酱。古人称干肉为脯或脩(xiū),古代孩童拜师时所奉的束脩即干肉。肉酱称为醢,种类十分丰富。此外,古人还用醢腌制瓜菜或鱼肉以作为食物。

古人饮酒之风流行极早,酿酒技术高超,酒器十分精美。酒的称谓更是种类繁多,《礼记》中所见,就有清、医、浆、酏(yǐ)、糟、秩酒、陈酒、郁鬯(chàng)、柜鬯、衅鬯、酌、澄酒、粢(zī)醍、旧泽等说法。酒不仅用于日常饮食,更在祭祀时充当重要祭品。

除酒之外,古人还饮茶。南北朝时,饮茶之风盛行。以后便成为中国人必不可少的饮品了。

思考讨论

1. 什么是丧服中的"五服"?
2. 服不同丧服的人,其哀情在声音、言语、饮食上都有不同的体现。请说说你的体会。

三年问

三年之丧何也?曰:"称情而立文[1],因以饰群,别亲疏贵贱之节,而弗可损益也,故曰'无易之道'也。创钜者其日久[2],痛甚者其愈迟。三年者,称情而立文,所以为至痛极也,斩衰苴杖[3],居倚庐,食粥,寝苫[4],枕块[5],所以为至痛饰也。三年之丧,二十五月而毕,哀痛未尽,思慕未忘,然而服以是断之者,岂不送死有已、复生有节也哉[6]!"

注释

[1]称:适合。立文:订立制度。 [2]创:伤痛。钜:同"巨",大。 [3]苴杖:丧服,斩衰三年,用苴杖。其以竹制成,苴黑色,故称。 [4]苫(shān):草垫子。 [5]块:土块。 [6]已:停止,终止。复生:恢复正常的生活。

译文

为什么要服三年之丧呢?回答说:"三年之丧是适合孝子丧

亲的哀痛而订立的制度,用这样的规定来辨别亲疏关系,表明贵贱等级,并且不可以随意增减,因此说三年之丧是'不可以改变的规定'。创伤巨大的人要恢复需要很长的时间,痛苦深厚的人要痊愈会很迟。服丧三年,是适合孝子丧亲的哀情而制订的规矩,这是丧亲的孝子为父母服丧的极限。孝子身穿斩衰丧服,手里拿着苴杖,住在倚庐里,吃稀粥,睡在草垫子上,枕着土块,这是为丧亲后哀痛的孝子装饰的。三年之丧,实际上二十五个月就结束了,这个时候孝子的哀痛没有完结,对双亲的思慕之情还没有忘记,但是丧服要除,这就是为死者送行有停止的时候,恢复正常生活有节制啊!"

凡生天地之间者,有血气之属必有知[1],有知之属莫不知爱其类。今是大鸟兽则失丧其群匹,越月踰时焉,则必反巡,过其故乡,翔回焉,鸣号焉,蹢躅焉[2],踟蹰焉[3],然后乃能去之。小者至于燕雀,犹有啁噍之顷焉[4],然后乃能去之。故有血气之属者,莫知于人,故人于其亲也,至死不穷。

(选自《礼记·三年问第三十八》)

注释

[1]属:类别。知:知觉。　[2]蹢躅(zhí zhú):徘徊不前的样

子。　[3]踟蹰(chí chú)：缓行的样子。　[4]啁噍(zhōu jiào)：象声词，鸟虫鸣叫。

译文

凡是生存在天地之间的事物，有血气的就一定有知觉，有知觉的就没有不爱自己同类的。现在的这些大的鸟兽丧失了自己的同伴，过些时日，就一定会返回来巡视，经过它们的故乡就要飞翔盘旋，鸣叫哀嚎，徘徊缓行，然后才能离去。小到燕雀，还要对死去的同伴鸣叫一阵然后才能离开。因此，有血气的没有比人更有知觉的了，所以人对于自己的父母，思念之情到死也不会穷尽。

文史链接

礼之"称情"

东汉许慎《说文解字》卷十"心部"："情，人之阴气有欲者。从心青声。"清代段玉裁《说文解字注》云："人欲之谓情，情非制度不节。"情从心部，用我们现代人的理解，情就是从内心发出的喜、怒、哀、乐、惧、爱、恶、欲等情绪。由于心在中国传统文化中具有主观性，情由心而生。因而，情也具有主观性。古人讲究节度，因此，做了礼乐制度来节制人的情欲。

人在不同的礼仪场合，其表露的情绪也不同。若遇吉礼，情必喜乐；若遇凶礼，情必哀怒。但任何场合，情的表露并非肆无忌惮，也不可毫无表达。那怎样才能做到如此呢？儒家用礼来约束情。例如,举行丧礼时,与死者关系的亲疏不仅决定了众亲属的丧服等级,也决定了他们对死者该有的哀情。《礼记·间传》云:"斩衰之哭,若往而不反;齐衰之哭,若往而反;大功之哭,三曲而偯;小功、缌麻,哀容可也。"这是服不同等级丧服者的哀情通过声音表达的例子,从中可以看到哀情的等差。其他礼仪场合也是如此。情的表达与礼仪场合中自己的身份相适应,这便是礼之"称情"。

现实中往往存在这种状况,贤德之人情过于礼,不肖之徒情欠于礼。儒家通过礼乐制度,节制贤德,鞭策不肖,以此来教化社会风气。但在情与礼的抉择中,儒家选择了情,宁可情有余而礼不足,也不愿礼有余而情不足。

思考讨论

1. 古人在服三年丧期间为什么要"斩衰苴杖,居倚庐,食粥,寝苫,枕块"?

2. 三年之丧结束后,对死去亲人的哀痛仍然没有结束,为什么礼规定丧事结束就要脱去丧服?

丧服四制

夫礼,吉凶异道[1],不得相干[2],取之阴阳也。丧有四制,变而从宜,取之四时也。有恩,有理,有节,有权,取之人情也。恩者,仁也。理者,义也。节者,礼也。权者,知也。仁、义、礼、知,人道具矣。

注释

[1]吉凶异道:吉礼和凶礼的器物、服饰、仪节等诸方面都不相同。　[2]干:触犯,冲犯。

译文

吉礼和凶礼有不同的制度,不能相互触犯,这是取法于阴阳的。丧礼有四个制度,变化礼仪要适宜,这是取法四季的。丧礼有恩情的原则,有道理的原则,有节制的原则,有变通的原则,这是取法于人情的。恩为仁,理为义,节为礼,权为智。仁、义、礼、智,做人的道理就齐备了。

始死,三日不怠[1],三月不解[2],期悲哀,三年忧,恩之杀也[3]。圣人因杀以制节[4],此丧之所以三年,贤者不得过,不肖者不得不及。此丧之中庸也,王者之所常行也。

(选自《礼记·丧服四制第四十九》)

注释

[1]怠:轻慢,不尊敬。　[2]解:通"懈",不紧张。[3]杀(shài):减损。　[4]节:节制。

译文

亲人刚刚去世,三天不怠慢,三个月不松懈,一周年过了仍然悲伤,三年丧过了还有忧思,这就是悲哀的感情逐渐减损了。圣人正因此制定了礼的节制,丧礼之所以规定三年,为的就是贤德的人不超过这个期限,不肖的人必须要达到这个期限。这就是丧礼的中庸之道,是王者时常尊奉的制度。

文史链接

为父母服三年之丧

对于子女而言,父母之恩没有高低。《礼记·丧服四制》说"资于事父以事母而爱同",意思是说,用侍奉父亲之道去侍奉母亲,恩爱是相同的。

既然如此,为何为父亲服斩衰三年,为母亲只能服齐衰一年呢?《丧服四制》解释说:"天无二日,土无二王,国无二君,家无二尊,以一治之也。故父在为母齐衰期者,见无二尊也。"可见,只要父亲尚健在,就只能为母亲服期年之丧,这是为了突出父亲的家长地位。但为了顾及子女的哀思,期年之后可以"心丧",直至三年期满。

如果父亲先去世,那么可以为母亲服"齐衰三年之丧",丧期与父亲相同,但丧等为"齐衰",依然与斩衰有别。到了唐代武则天时,规定父母之丧一律为三年。

思考讨论

1. 谈谈你对丧礼"恩""理""节""权"四个原则的认识。

2. 谈谈你对"圣人因杀以制节,此丧之所以三年,贤者不得过,不肖者不得不及"这句话的理解。

3. 结合所学知识,说说"礼"为什么要有节制。

第四章 吉 事

投 壶[1]

投壶之礼：主人奉矢[2]，司射奉中[3]，使人执壶。主人请曰："某有枉矢、哨壶[4]，请以乐宾[5]。"宾曰："子有旨酒嘉肴[6]，某既赐矣，又重以乐，敢辞。"主人曰："枉矢、哨壶，不足辞也，敢固以请[7]。"宾曰："某既赐矣，又重以乐，敢固辞。"主人曰："枉矢、哨壶，不足辞也，敢固以请。"宾曰："某固辞不得命，敢不敬从！"

（选自《礼记·投壶第四十》）

注释

[1]投壶：古代宾主宴饮时的一种游戏。设特制之壶，宾主依次以矢投入壶中。以竹箅(suàn，计数的竹器，射礼及投壶礼时使用)计数。投中多者为胜，负者则饮酒。在投壶时，有乐工击鼓为

古人投壶图

节。　　[2]矢:箭,此处是指古代投壶游戏用的筹。　　[3]中:盛筹的器物。中容八筹。　　[4]某:此处代指主人名讳。枉矢、哨壶:这里指弯曲的箭和口不正的壶,这是主人的谦辞。枉:弯曲的。哨:口不正。　　[5]乐:使动用法,使……快乐。　　[6]旨酒嘉肴:美味的酒菜。　　[7]固:本来,原来。

译文

投壶的礼仪:主人手捧着箭,司射手捧着中,另外叫人拿着壶。主人邀请说:"我有弯曲的箭、口歪的壶,请让我用它们来使宾客快乐。"宾客说:"您的美味酒菜,我已经受赐了,又加上娱乐,不敢不推辞。"主人说:"弯曲的箭、口歪的壶,不值得您推辞,我再次邀请您参加。"宾客说:"我已经受赐了,又加上娱乐,不敢不再次推辞。"主人说:"弯曲的箭、口歪的壶,不值得您推辞,再次邀请您参加。"宾客说:"我一再推辞得不到您允许,不敢不恭敬从命。"(古人为了表示互相尊重,宾主都要相互谦让)

有初　　　连中　　　有初贯耳　　　贯耳　　　连中贯耳

散箭　　　全壶　　　有终　　　骁箭　　　败壶

文史链接

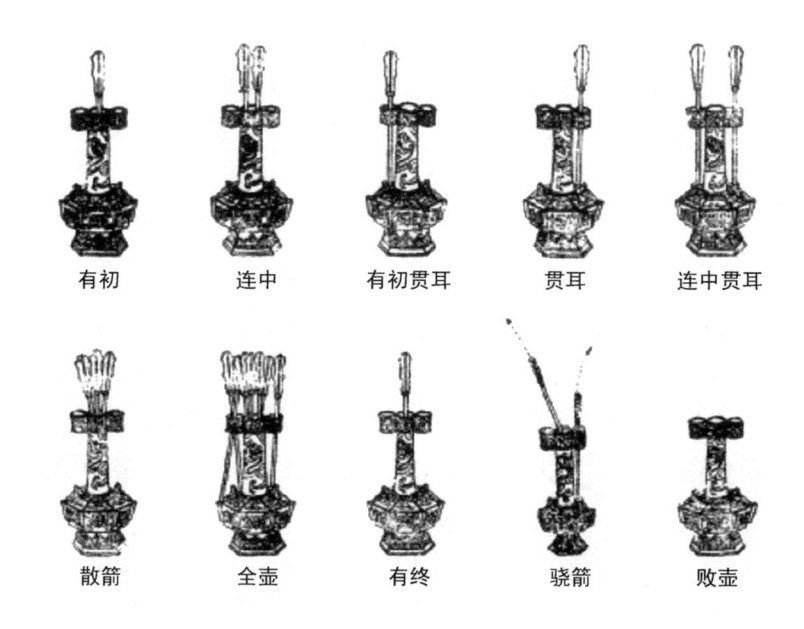

古人投壶时的辞让

投壶是我国古代宾主宴饮时,用于娱乐宾客的一种游戏,属吉礼,或属宾礼。虽为餐饮中助兴的小游戏,但古人行容均有节度,投壶礼有一套完整的仪式,并非胡乱进行。

举行投壶礼时,由主人捧着游戏用的筹,掌管射仪的小吏捧着装用来计数的竹签的容器,另外叫人拿着壶。一切准备就绪,主人对宾客说:"我这里有弯曲的箭和口歪的壶,请允许我使用它们来使在座诸位愉悦。"宾客接着说:"您为我们准备的美味酒菜,我们已经是受赐了,再加上娱乐,不敢不推辞。"主人说:"弯曲的箭和口歪的壶,实在不值得您推辞,请您参加吧。"宾客再次推辞,主人三次邀请,宾客就说:"我一再推辞都得不到您的允许,不敢不从命了。"宾主互行拜礼后,宾客拿着箭,开始游戏。投中少者要饮酒。

　　读到这里,同学们一定对宾主间的反复推辞有些疑问。主人三次邀请,宾客前两次均推辞,最后一次才接受邀请,参加游戏。从表面来看,如此举动有些繁复,看似没有太大必要。若深究其含义,便知如此并非无用。宾与主之间的辞让,正体现了对彼此的尊重和对自身行容的节制。礼无再三,若第三次仍有推辞,那便是受邀宾客对主人的不尊敬,主人也不会进行第四次邀请了。

思考讨论

1. 你认为投壶礼属于"五礼"中的哪一类?为什么?
2. 谈谈你对投壶礼中主人与宾客互相辞让这一现象的理解。

冠　义

　　凡人之所以为人者[1],礼义也。礼义之始,在于正容体[2],齐颜色[3],顺辞令[4]。容体正,颜色齐,辞令顺,而后礼义备[5]。以正君臣,亲父子,和长幼。君臣正,父子亲,长幼和,而后礼义立[6]。故冠而后服备,服备而后容体正,颜色齐,辞令顺。故曰:"冠者,礼之始也。"是故古者圣王重冠。

(选自《礼记·冠义第四十三》)

注释

[1]凡:凡是,所有的。　[2]正:端正,和于法则。容体:容貌体态。容:相貌、仪表。体:体态。　[3]齐:整齐,齐备。　[4]顺:顺从。　[5]备:完备。　[6]立:存在,生存。

译文

大凡使人成为人的,是礼义。礼义的开始,在于使仪表体态端正,使表情得当,使言辞和顺。仪表体态端正,表情得当,言辞和顺,然后礼义就完备了。礼义是用来使君臣关系端正、父子关系亲密、长幼关系和睦的。君臣关系端正,父子关系亲密,长幼关系和睦,然后礼义就能确立。因此,行冠礼,然后服装齐备。服装齐备,然后仪表体态端正,表情得当,言辞和顺。所以说:"冠礼是礼义的开始。"因此古代的圣明君主尊崇冠礼。

思考讨论

古人冠礼简介

古人所谓冠礼,是指古代男子的成丁礼。古礼规定男子加冠的年龄为二十岁,但实际情况有早有晚,据《史记》记载,秦始皇嬴政二十二岁加冠。

冠礼有一套完整的程序:举行冠礼之前数日,加冠男子的父亲或兄长要在庙门占卜,选定行礼的日子。择定吉日后,主人会邀请宾客到时参加。行礼前三日,主人会在受邀的宾客中,选择一位作为加冠执礼的人。行礼前一日晚,主人集结兄弟、执事等人于庙门外,宣告明日行礼,请诸位审慎行事。辅佐行礼的小吏会通知受邀宾客。

行礼当日,将行礼所用器物、服饰等陈设好,主人宾客等就位后,便开始行礼。提前选好执礼的宾客为男子加冠三次:第一次加缁布冠,寓意加冠者拥有治人之权;第二次加皮弁,表示加冠者可以服兵役;第三次加爵弁,寓意加冠者从此拥有了祭祀的权力。所谓"冠者,礼之始也",说的便是加冠男子可以行使这三方面的权力。

三次加冠完毕,加冠者要为宾客敬酒,然后拜见自己的母亲。执礼宾客会为加冠者取字,此后人们便可称其字了。拜见完兄弟、姑姊等人,加冠者穿戴好礼服,拿着礼物去拜见国君、卿大夫等人。主人向宾客敬酒后,礼就成了。男子加冠后便可以娶妻了。

思考讨论

1. 谈谈你对"凡人之所以为人者,礼义也"这句话的理解。
2. 为什么"古者圣王重冠"?

昏 义

昏礼者,将合二姓之好,上以事宗庙,而下以继后世也,故君子重之。是以昏礼,纳采[1]、问名[2]、纳吉[3]、纳征[4]、请期[5],皆主人筵几于庙[6],而拜迎于门外,入,揖让而升[7],听命于庙,所以敬慎、重正昏礼也。

注释

[1]纳采:婚礼六礼之第一礼。夫家使使者至女家纳其采择之礼。今作"纳彩"。　[2]问名:婚礼六礼之第二礼。夫家使使者至女家问女之名,将卜其凶吉。　[3]纳吉:婚礼六礼之第三礼。问名后,卜得吉兆,使使者告女家。　[4]纳征:婚礼六礼之第四礼。使使者至女家纳币,以订婚。　[5]请期:婚礼六礼之第五礼。夫家卜得行婚礼之吉日,使使者告女家。　[6]筵:人坐跪之具,以竹或蒲草编织而成,铺在地上,席铺在筵上,筵大席小,有时筵、席二字通用。几:坐时用以凭倚安体之具,也作为神之所依。　[7]揖让:拱手为礼,拱手而向外伸。

译文

婚礼,是将两个不同的姓氏结合,使两个家族结为欢好,在上可以祭祀宗庙,在下能够延续后嗣,因此,君子重视婚礼。所以,婚礼的纳彩、问名、纳吉、纳征、请期等礼仪,女方家的主人都要在宗庙里摆设好筵几等物件,然后到庙门外去拜迎男方的媒人,进入祖庙,同媒人揖让行礼后登上庙堂,在庙中听取媒人转达男方主人有关婚礼的事情,这是为了表示对婚礼恭敬、谨慎、尊重的态度。

父亲醮子而命之迎[1],男先于女也。子承命以迎[2],主人筵几于庙,而拜迎于门外。婿执雁入,揖让升堂,再拜奠雁,盖亲受之于父母也。降出,御妇车[3],而婿授绥[4],御轮三周,先俟于门外。妇至,婿揖妇以入,共牢而食,合卺而酳[5],所以合体同尊卑,以亲之也。

注释

[1]醮(jiào):古代婚娶时用来祭神的酒。 [2]承命:接受命令。 [3]御:驾驶车马。 [4]绥(suí):登车时手挽的绳子。[5]合卺(jǐn):将葫芦一剖为二,将两柄相连,盛酒,夫妇共饮,表示合体。酳(yìn):吃东西后用酒漱口。

译文

（迎娶新娘的时候）新郎的父亲敬酒给儿子并命令他去迎接新娘，这是为了表示男先女后、夫唱妇随。儿子接受命令去迎娶，新娘的父亲在祖庙里面摆放供祖先神灵凭依的筵几，在庙门外拜迎新郎。女婿拿着雁进来，行揖让礼后上堂，女婿再拜叩头，将雁放在堂上，这大概是为了表明女婿是亲自从新娘父母手中接过新娘的。新郎下堂出庙，新娘跟着出来，新郎驾驶着接新娘的车子，将车前挽手的绳子递给新娘，等待新娘坐好之后，新郎驾驶车子车轮转三周，就将车交给驾车的人，自己先回到自己家门口等着。新娘到达，新郎向新娘行揖让礼然后进门，两个人共同享用俎中的鱼、肉，吃完饭，夫妇分别拿着一个葫芦剖成的两个瓢饮净口安食的酒，这都是为了表示夫妇二人从此合而为一、尊卑同体，为了使他们亲密（而安排的）。

敬慎重正，而后亲之，礼之大体，而所以成男女之别[1]，而立夫妇之义也[2]。男女有别，而后夫妇有义；夫妇有义，而后父子有亲；父子有亲，而后君臣有正。故曰："昏礼者，礼之本也。"

注释

[1]成：成就。　　[2]立：建立。

译文

经过恭敬、谨慎、隆重、堂堂正正的一系列礼节之后亲近她,这是礼的大体,这是为了成就男女之间的分别,建立夫妇之间的道义。男女有了分别,夫妇之间才有道义;夫妇有道义,然后父子之间才有亲情;父子有亲情,然后君臣关系才能端正。因此说:"婚礼是礼仪的根本所在。"

夫礼,始于冠,本于昏,重于丧、祭,尊于朝、聘,和于射、乡[1],此礼之大体也。

（选自《礼记·昏义第四十四》）

注释

[1]和:和睦。

译文

礼仪,开始于冠礼,以婚礼为根本,重视丧礼和祭礼,尊崇朝礼和聘礼,和睦射礼和乡饮酒礼,这是礼的大体内容。

文史链接

古人婚礼纳彩的礼物

古代婚礼有纳彩、问名、纳吉、纳征、请期和亲迎六礼。纳彩是男方带礼物到女方家求亲;问名是男方家问中意女子的姓名生辰,以便卜问吉凶;纳吉是占卜得吉兆后告知女方家;纳征是男方家向女方家送聘礼,宣告订婚;请期是确定举行婚礼的日期;亲迎是男子去女方家宗庙里迎娶女子。

在纳彩这一环节中,男方家会选择很多种礼物送给女方家,并且这些礼物均有美好的寓意。据史书记载,纳彩所用礼物有三十种,分别是玄、羊、雁、清酒、白酒、粳米、稷米、蒲、苇、卷柏、嘉禾、长命缕、胶、漆、五色丝、合欢铃、九子墨、金钱、禄得香草、凤凰、舍利兽、鸳鸯、受福兽、鱼、鹿、乌、九子妇、阳燧等。郑玄《通典》五十八云:"总言言物之印象者,玄象天,法地。羊者,祥也,群而不党。雁则随阳。清酒降福。白酒欢之由。粳米养食。稷米粢盛。蒲众多性柔。苇柔之久。卷柏屈卷附生。嘉禾须禄。长命缕缝衣。延寿胶能合异类。漆内外光好。五色丝章采,屈伸不穷。合欢铃音声和谐。九子墨长生子孙。金钱和明不止。禄得香草为吉祥。凤凰雌雄伉合俪。舍利兽廉而谦。鸳鸯飞止须匹,鸣则相和。受福兽体恭心慈。鱼处渊无射。鹿者禄也。乌知反哺,孝于父母。九子妇有四德。阳燧成明安身。又有丹为五色之荣,青为色首,东方始。"

古人对婚姻的美好期待和对子女婚姻的祝福由此可见一斑。

思考讨论

1. 为什么我国古代婚礼的重要程序要在男女双方的宗庙里举行?
2. 为什么说婚礼是礼的根本?

乡饮酒义

乡饮酒之义:主人拜迎宾于庠门之外[1],入三揖而后至阶,三让而后升,所以致尊让也。盥[2],洗,扬觯[3],所以致絜也[4]。拜至,拜洗,拜受,拜送,拜既,所以致敬也。尊、让、絜、敬也者,君子之所以相接也。君子尊让则不争,絜敬则不慢,不慢、不争,则远于斗辨矣。不斗辨[5],则无暴乱之祸矣。斯君子所以免于人祸也[6],故圣人制之以道。

(选自《礼记·乡饮酒义第四十五》)

注释

[1]庠:乡学名。 [2]盥(guàn):浇水洗手。 [3]扬觯(zhì):举起酒杯。 [4]絜(jié):古同"洁",干净。 [5]斗辨:打斗争吵。辨:通"辩"。 [6]斯:此,这。

译文

乡饮酒礼的礼节:主人到庠门外去拜迎宾客,进入庠门,行进中主人要与宾客互行三次揖让之礼,然后到达台阶,又要相互谦让三次然后上堂,这是为了表示对对方的尊重和谦让。主人洗手,洗酒杯,然后举起酒杯向宾客献酒,这是为了表示主人请宾客喝的酒很洁净。主人行拜礼感谢宾客的到来,宾客行拜礼感谢主人为自己洗酒杯,行拜礼后接受主人的献酒,主人献酒后行拜礼表示恭敬,宾客干杯后行拜礼致谢,这些都是为了表示恭敬。尊敬、谦让、洁净、恭敬,是君子之间交往的态度。君子之间相互尊重、谦让就不会发生争执,洁净、恭敬就不会相互怠慢,不相互怠慢、不起争执,就会远离打斗和争吵了。不打斗和争吵,就不会有暴乱的祸患。这就是君子用以避免人为祸害的原则,所以圣人依据这种原则制定了乡饮酒的礼仪。

文史链接

我国古代的乡饮酒礼

乡饮酒礼始于周代,最初不过是乡人的一种聚会方式,儒家在其中注入了尊贤养老的思想,使一乡之人在宴饮欢聚之时受到教化。秦汉以后,乡饮酒礼长期为历代士大夫所遵用,直到道光二十三年(公元1843年),清政府决定将各地乡饮酒礼的费用拨充军饷,才被下令废止。乡饮酒礼前后沿袭约三千年之久,在中国历史上产生过深远的影响。

乡饮酒礼的主要仪节有：谋宾、迎宾、献宾、乐宾、旅酬、无算爵乐、宾返拜等。孔子说："吾观于乡，而知王道之易易。"孔子所说的"乡"，是指乡饮酒礼；"易易"，是"易"字的重复，是为了语句的顺畅而有意做的叠加，犹言"平平"。这句话的意思是说，看了乡饮酒礼，才知道实行王道是多么容易。

儒家的教化之道，主要在于尊贤和养老。尊贤是治国之本，养老是安邦之本，而乡饮酒礼兼有尊贤和养老两义，孔子如此重视它，不正是在情理之中吗？

思考讨论

1. 你认为乡饮酒礼属于"五礼"中的哪一类？为什么？
2. 主人与宾客为什么"入三揖而后至阶，三让而后升"？
3. 谈谈你对"礼和于乡饮酒"的理解。

射　义

古者诸侯之射也[1]，必先行燕礼；卿大夫、士之射也，必先行乡饮酒之礼。故燕礼者，所以明君臣之义也；乡饮酒之礼者，所以明长幼之序也。

注释

[1]射：此处指射礼。

译文

古时候诸侯举行射礼,必须先举行燕礼;卿大夫、士举行射礼,必须先举行乡饮酒礼。因此,燕礼是用来表明君臣之间的道义的;乡饮酒礼是用来表明长幼之间的次序的。

故射者,进退周还必中礼[1],内志正,外体直,然后持弓矢审固[2]。持弓矢审固,然后可以言中[3]。此可以观德行矣。

注释

[1]还:通"旋",转动。　[2]审:详细,周密。　[3]中:中的。

译文

因此,射箭的人,进退周旋必须符合礼仪,内心端正,身体正直,然后拿着弓箭稳固而瞄准无差。拿着弓箭瞄准,然后才能谈得上射中。由此可以通过射礼来观察一个人的德行。

是故古者天子之制,诸侯岁献,贡士于天子[1],天子试之于射宫[2]。其容体比于礼[3],其节比于乐,而中多者,得与于祭[4];其容体不比于礼,其节不比于乐,而中少者,不得与于祭。数与于祭而君有庆[5],数不与于祭而君有让[6];数有庆而益地[7],数有让而削地[8]。故曰:"射者,射为诸侯也。"是以诸侯君臣尽志于射以习礼乐。夫君臣习礼乐而以流亡者,未之有也。

(选自《礼记·射义第四十六》)

注释

[1]贡:进献东西给上级。 [2]射宫:天子行大射礼的场所。 [3]比(bǐ):能够相匹配,符合。 [4]与(yù):随从,跟随。 [5]数:多次。庆:赏赐。 [6]让:责备。 [7]益:增加。 [8]削:减少,削减。

译文

因此古代的天子有制度规定,诸侯每年都要给天子进献礼物,将士进贡给天子,天子在射宫里面考验他们。容貌体态与礼相匹配、节奏与乐相匹配,并且射中靶心很多次的人,可以跟随天子参加祭祀。容貌体态与礼不相符、节奏与乐不相符,并且射中靶心次数少的人,不能跟随天子参加祭祀。射中次数多并且参加祭祀的人会得到天子的赏赐,射中次数少并且不能参加祭祀的人会被天子责备;射中次数多并且得到天子赏赐的人会增加封地,射中次数少并受到天子责备的人会减少封地。因此说:"射礼,是为了成为诸侯。"因此诸侯国的君主和臣子都尽心研究射箭,以此来学习礼仪音乐。国君和臣子学习礼仪和音乐而亡国的,从古至今都没有。

文史链接

射礼与择士

射礼还有一种功能,就是天子选拔人才。《射义》说,天子在举行重大祭祀之前,"必先习射于泽。泽者,所以择士也。""泽"是天子的射宫名,之所以取名泽,是因为这里是择助祭的诸侯的地方。《射义》还说,古代圣明之时,诸侯每年都要向天子述职,天子则要借此机会在射宫"试射",以测验诸侯的射艺。只有容体合于礼、动作合于乐,并且屡屡射中者,才准许他们参与祭典。

不仅如此,凡被选中者,得"进爵纳地",参与祭典越多,就越会受到奖赏,甚至会增加其领地,把更多的人民、土地交给他来领导。反之,射礼中表现不佳者,一定是德行不佳,德行不佳者,怎能有资格参与国家的祭典?天子不仅要责让、训斥他们,并且要"削以地",收回部分统治权。

《射义》说:"射者,所以观盛德也。是故古者天子以射选诸侯、卿、大夫、士。"可见,天子不仅用射礼选诸侯,而且用射礼选卿、大夫、士。射礼中的表现,是被作为政治资质的重要内容来对待的。

思考讨论

1. 射礼属于"五礼"中的哪一类？为什么？
2. 谈谈我国古代各等级举行射礼的作用。
3. 谈谈你对"礼和于射"的理解。

燕 义

君举旅于宾[1]，及君所赐爵[2]，皆降再拜稽首[3]，升成拜[4]，明臣礼也；君答拜之[5]，礼无不答，明君上之礼也。臣下竭力尽能以立功于国，君必报之以爵禄[6]，故臣下皆务竭力尽能以立功，是以国安而君宁。礼无不答，言上之不虚取于下也。上必明正道以道民，民道之而有功，然后取其什一，故上用足而下不匮也[7]。是以上下和亲而不相怨也。和宁，礼之用也，此君臣上下之大义也。故曰："燕礼者，所以明君臣之义也。"

（选自《礼记·燕义第四十七》）

注释

[1]旅：依次行酒，也叫旅酬。　　[2]赐：君举旅酬，受酬者即

为受赐。　　[3]降:下堂。　　[4]升:上堂。　　[5]君答拜:受赐者上堂拜君后,君要放下自己手中的酒杯,行再拜礼以答之。[6]爵禄:爵位俸禄。　　[7]匮:缺乏。

译文

国君为宾客举行旅酬礼,凡是拿到国君赏赐的酒的人,都要下堂行再拜稽首礼,又上堂再拜稽首,以表明臣下对国君应有的礼仪;国君要回礼答拜,对于别人的礼没有不回礼的,这表明国君对臣下应有的礼仪。臣下竭尽所能为国家建立功勋,国君一定要用爵位俸禄来报答,因此臣下都竭尽所能为国家建立功劳,所以国家安定、国君安宁。对于别人的礼没有不回礼的,这表明国君不向臣下白白索取。国君必须彰明正道来教导民众,民众践行教导而有收获,然后国君才能向民众按十分之一的税率收税,因此国库充足而民用也不匮乏,所以能够上下和睦亲密而不相怨恨。和睦安宁,是运用礼的结果,这是君臣上下应该明白的大道理。因此说:"燕礼,是用来彰明君臣关系的。"

文史链接

燕礼所表达的君臣大义

国君虽然是一国的至尊,但礼是双方的行为,中国古礼的原则之一,是讲究礼尚往来。如果一方虔敬地行礼,另一方却毫无表示,是非常失礼的。即使尊卑如君与臣,也是如此。因此,国君为了表示谦让,让小臣下堂加以阻止,于是受赐者上堂完成拜礼。

不仅如此,每次臣下向国君行礼之后,国君都要以礼答拜,这就是《燕义》所说的"礼无不答"。礼无不答就是礼尚往来,是东方人交往和沟通时尊重对方的特有方式。由答拜之礼可以引申到君臣之道,就是《燕义》所说的"礼无不答,言上之不虚取于下也"。不虚取于下,是儒家提倡的君臣之道的重要原则。

思考讨论

1. 燕礼属于"五礼"中的哪一类?为什么?
2. 谈谈你对"燕礼者,所以明君臣之义"的理解。

聘 义

子贡问于孔子曰:"敢问君子贵玉而贱碈者[1],何也?为玉之寡而碈之多与[2]?"孔子曰:"非为碈之多,故贱之也。玉之寡,故贵之也。夫昔者[3],君子比德于玉焉:温润而泽,仁也;缜密以栗[4],知也[5];廉而不刿[6],义也;垂之如队[7],礼也;叩之,其声清越以长,其终诎然[8],乐也;瑕不掩瑜[9],瑜不掩瑕,忠也;孚尹旁达[10],信也;气如白虹,天也;精神见于山川,地也;圭璋特达[11],

德也；天下莫不贵者，道也。《诗》云：'言念君子，温其如玉。'故君子贵之也。"

(选自《礼记·聘义第四十八》)

注释

[1]碈(mín)：像玉的石头。 [2]寡：数量少。与：通"欤"，语气助词。 [3]昔：以前。 [4]缜密：细致，周密，此处指玉的纹理。栗：坚实。 [5]知：同"智"。 [6]廉：棱角，也指物体露出棱角，有棱角。刿(guì)：割开，切口。 [7]队：通"坠"，系在器物上垂着的东西。 [8]诎(qū)：戛然而止的样子。 [9]瑕：玉石上的斑点。掩：遮住，掩盖。瑜：美玉，玉的光泽。 [10]孚尹旁达：指玉的色彩晶莹发亮，比喻品德高尚纯洁。 [11]圭璋(zhāng)：两种贵重的玉质礼器。特：孔疏曰："特，谓不用它物媲之也。"

译文

子贡问孔子："请问君子看重玉而轻贱碈，这是为什么呢？是因为玉少碈多吗？"孔子说："并非因为碈多就轻贱它，玉少就看重它。从前，君子将玉比作自己的德行：玉温和润泽，像仁；质地缜密坚实，像智；有棱角却不割伤别人，像义；垂下来像是挂着的坠子，像礼；敲击它发出清扬绵长的声音，终了又戛然而止，像乐；它的瑕疵掩盖不了美好，美好掩盖不了瑕疵，像忠；玉的色彩晶莹发亮，像诚；光泽如同白虹，像天；精气显露于山川之间，像地；圭、璋这两种贵重的礼器送达主君,像德;天下没有人不看重玉,像道。《诗》说:'想念君子,温润如玉。'所以君子看重玉。"

文史链接

钱玄《三礼通论·前言》

三礼之名始自东汉末年,郑玄注《仪礼》《周礼》《礼记》,并著《三礼目录》,因有三礼之名。如加《大戴礼记》,则实为四礼。但后来凡治先秦礼制之学者,均称三礼之学,也简称礼学。两汉以来治礼学者特盛。学者以为礼学是经国济世之学,与国家建制、社会习俗、个人道德修养,均有直接关系,是实践致用之学。如西汉末年刘歆《移太常博士书》,以为当时立于学官的今文经只有士礼十七篇,是"抱残守缺"。"至于国家将有大事,若立辟雍、封禅、巡狩之仪,则幽冥而不知其原。"主张立古文礼经《逸礼》于学官,可以依礼书所载施行国家大事。又如宋王安石著《周官新义》,以助其推行新法。朱熹思想似略为通达,他说:"《礼记》有说宗庙、朝廷,说得远,复杂乱不切于日用。若欲观礼,须将《礼记》节出切于日用常行者看,节出《玉藻》《内则》《曲礼》《少仪》看。"则朱熹仍以礼学为实践之学,仅是范围缩小而已。这种以礼学为经国济世、实践致用之学的思想,直至清末还是存在。光绪二十七年(公元1901年),孙诒让为清廷将行"辛丑变法",写《变法条议》,自云:"以《周礼》为纲,西法为目。"后改名为《周礼政要》。据孙氏所云"陈古酌今,聊以塞守旧者之口,于诂经无事也",似乎孙氏说"以《周礼》为纲"不是出于本意。但不管是什么原因,在当时确实有一辈人仍以为《周礼》可以救世强国。今日看来,很是可笑。

辛亥以后,国家政体变革,人们的思想意识有较大变化。多数学者对经学的看法,包括礼学,有所转变。一般人认为礼书所载是古代文献,为上古文化史的重要史料。这种观点是十分正确的。治三礼之学者就应该立足于这个观点之上。

中国古代文化,范围很广,内容丰富。其中有极其优秀的精华部分,今天还值得借鉴,要认真吸取、继承和弘扬,做到古为今用。这也是研究中国古代文化史的方向。

三礼的著作时代,各不相同。其中所载的礼制,早的或行于殷商,晚的或行于战国后期,上下的跨度很大。而且有的古代确有此事,有的仅是古代的传说,或者出于作者的设想。现在学习、研究三礼,亦即研究上古文化史,就是整理这些上古文化史史料,考定各种礼制的内容及其产生、发展变化的情况,从而对这些文化史料做出合乎历史发展的结论。

思考讨论

君子为什么"贵玉而贱碈"?玉的哪些品质可以比于君子?

第五章 祭 祀

郊特牲

大夫而飨君[1]，非礼也。大夫强而君杀之[2]，义也，由三桓始也[3]。天子无客礼，莫敢为主焉。君适其臣[4]，升自阼阶[5]，不敢有其室也。觐礼[6]，天子不下堂而见诸侯。下堂而见诸侯，天子之失礼也，由夷王以下[7]。

注释

[1]飨：用酒食招待客人，泛指请人享用。　[2]强：强盛，势力大。　[3]三桓：春秋时期鲁国三大夫叔孙氏、季孙氏、孟孙氏。三家僭越，专擅国政。　[4]适：往，去。　[5]阼阶：东阶。　[6]觐：朝见君主。　[7]夷王：周夷王，姓姬，名燮，周懿王之子。西周后期的天子，当政时西周国政衰落。

译文

大夫以酒食宴请国君,这是不符合礼的。大夫强盛而国君杀掉他,这是符合道义的。这种僭越的事情是从三桓开始的。天子不能作为宾客行客礼,因为没有人可以做得了天子的主人。国君到他的臣下家里,从东阶上堂,这说明作为臣下的不敢私有自己的家。诸侯觐见天子,天子不下堂来接见诸侯,如果下堂去接见诸侯,这是天子失礼,这种不合礼仪的事情是由周夷王开始的。

诸侯之宫县[1],而祭以白牡[2],击玉磬[3],朱干设锡[4],冕而舞《大武》[5],乘大路[6],诸侯之僭礼也[7]。台门而旅树[8],反坫[9],绣黼、丹朱中衣[10],大夫之僭礼也。故天子微[11],诸侯僭,大夫强,诸侯胁[12]。于此相贵以等,相觌以货[13],相赂以利,而天下之礼乱矣。诸侯不敢祖天子,大夫不敢祖诸侯,而公庙之设于私家,非礼也,由三桓始也。

(选自《礼记·郊特牲第十一》)

注释

[1]宫县:指诸侯宫中悬挂的钟磬乐器。县:通"悬"。　　[2]白牡:古代祭祀用的白色公牛。周代只有天子可以用白色的公牛作为

第五章　祭祀 | 171

祭祀之牲。若其他等级的人使用白色公牛祭祀，就视为僭越。
[3]玉磬:古代石制乐器。　[4]朱干设锡:谓以锡敷住盾的背面使其突出。朱干:红色的盾。锡:细布。　[5]《大武》:周代六武之一。大武:武王之乐。大武与无射、夹钟之乐相配,享周代的先祖。
[6]大路:殷代祭祀天的车。路:通"辂"。以木为之,全无装饰。
[7]僭:超越本分,古代指地位在下的冒用地位在上的名义或礼仪、器物。　[8]旅树:类似于今天的照壁。以土筑墙为之,在门内,或在门外。也叫做内屏、外屏。周代只有天子、诸侯可以用。　[9]反坫(diàn):放置空酒器的小木台。宾主宴饮献酬,饮完将酒器放在坫上,因此叫做反坫。反坫设于两楹间,礼毕可撤去。　[10]绣黼:绣为各种文采的总称,文、章、黼、黻均为绣。　[11]微:衰落,低下。
[12]胁:被动用法,被逼迫恐吓。　[13]觌(dí):相见。

译文

　　诸侯在宫室里悬挂着钟磬等乐器,祭祀时用白色的公牛,敲击着玉磬,用着拿细布包裹的红盾,带着冕来跳《大武》的舞蹈,乘着大辂这样的车子,这是诸侯僭越了礼数。居所建筑台门和旅树,在堂上设有反坫,穿着绣黼、红色中衣这样的衣裳,这是大夫僭越了礼数。因此天子衰微,诸侯僭越,大夫强盛,诸侯被胁迫。像这样上下同等尊贵,相互相见都要拿礼物,用财物相互贿赂,天下的礼仪就乱了。作为诸侯的不敢祭祀天子的祖先,作为大夫的不敢祭祀诸侯的祖先,公室的祖庙设在私室里,这是不符合礼的,这样的事情是从三桓开始的。

文史链接

"礼崩乐坏"解

为什么一提到春秋战国时期,书上总会用"礼崩乐坏"这样的字眼?想要回答这个问题,就要明确春秋战国在我国历史进程中所处的环节及其自身的特点。

"礼崩乐坏"中的"礼"是指以井田、分封、宗法为原则的一套治国理家的制度体系,严密的等级性是"礼"的特点,正所谓"礼以别异"。"乐"是与礼仪场合相配套的一套音乐舞蹈体系,因为音乐具有和同人心的效用。故乐与礼相配合,可以消解过分强调等级性所带来的麻烦。史书记载周公旦"制礼作乐",其实礼乐很早就有,夏、商时期就已经存在不甚完善的制度,是周公旦将礼乐制度完善并使之系统化了。这样一套制度,一方面强调尊卑等级不能僭越,另一方面又有宗法亲缘的因素,其制度内部有相当大的空间。

西周时期,以周天子为中心的周王室还很强盛,对分封在全国各地的诸侯有比较强大的统摄能力。因此,各国诸侯对周天子、各诸侯国内的卿大夫对其国君都严格遵守这套规矩,整个社会在礼乐制度下有序运转。但这种情况随着周平王东迁洛邑而渐渐发生了改变。以平王东迁为标志,东周(即春秋战国时期)开始,以周天子为中心的周王室权势日渐衰微,在护送平王东迁过程中有功的诸侯国开始挑战天子的权威,这种情况发展得越来越严重。诸侯们开始僭越称王,行天子事;诸侯国内公室衰微,卿大夫、陪臣执政……三桓便是例子,类似的情况在春秋战国时期数

第五章 祭祀 | 173

不胜数。这样一来,各人的节用不随西周划定的尊卑等级而定了,而是根据各人实际所处的权位。比如某人名号上是大夫,但是执掌本国政权,那么他就可以用超过大夫级别该有的礼制。

鉴于西周用以治国理家的礼乐制度在春秋战国时期慢慢无人遵守,大家不按尊卑等级行事,当时的社会与西周相比可谓乱作一团。正是在这种情况下,一提到春秋战国,便会用"礼崩乐坏"来形容曾经在西周执行了很久的礼乐制度被破坏、尊卑等级混乱的社会现实。

思考讨论

1. 谈谈你对"觐礼,天子不下堂而见诸侯。下堂而见诸侯,天子之失礼也,由夷王以下"这句话的认识。

2. 你认为什么是"僭礼"?春秋战国时期为什么会有这种现象出现?

3. 搜集春秋战国时期不按礼行事的小故事,并说说你对当时社会状况的一些认识和看法。

祭　法

祭法:有虞氏禘黄帝而郊喾[1],祖颛顼而宗尧[2];夏后氏亦禘黄帝而郊鲧[3],祖颛顼而宗禹;殷人禘喾而郊冥,祖契而宗汤[4];周人禘喾而郊稷[5]，祖文王而宗武王。

注释

[1]禘：四时享先王，夏商称夏季祭祀先王为禘，周改为礿(yuè)。郊：祭天地在郊，都可以称郊。祭天之礼，其最尊者为冬至圜丘祭昊天；启蛰，南郊祭上帝祈谷。祭地之礼，其最尊者为夏至方丘之祭，其次为北郊祭地。喾：帝喾。　　[2]祖：自祖父以上皆得称祖。颛顼(zhuān xū)：上古帝王。宗：宗族。此处指祭祀宗族。尧：上古帝王。　　[3]鲧(gǔn)：禹的父亲。　　[4]契(xiè)：商的始祖，帝喾之子，母为简狄。汤：商汤，商朝的创建者。　　[5]稷：后稷，周的始祖，名弃。

译文

祭祀的法则：有虞氏用禘祭祭祀黄帝，用郊祭祭祀帝喾，用祖祭祭祀颛顼，用宗祭祭祀尧；夏后氏也是用禘祭祭祀黄帝，用郊祭祭祀鲧，用祖祭祭祀颛顼，用宗祭祭祀禹；商代的人用禘祭祭祀帝喾，用郊祭祭祀冥，用祖祭祭祀契，用宗祭祭祀商汤；周代的人用禘祭祭祀帝喾，用郊祭祭祀后稷，用祖祭祭祀文王，用宗祭祭祀武王。

燔柴于泰坛[1]，祭天也；瘗埋于泰折[2]，祭地也。用骍犊[3]。埋少牢于泰昭[4]，祭时也；相近于坎坛[5]，祭寒暑也。王宫[6]，祭日也；夜明[7]，祭月也。幽宗[8]，祭星也；雩宗[9]，祭水旱也；四坎坛，祭四方也。山林川丘谷陵能出云，为风雨，见怪物，皆曰神。有天下者祭百神。诸侯在其地则祭之，亡其地则不祭。

注释

[1]泰坛：祭天之坛。在坛上用柴焚牲币。　[2]瘗(yì)：埋物祭地。泰折：祭地之处。祭地以牲币埋于土。　[3]骍(xīng)犊：赤色的牛犊，古代祭祀用。　[4]泰昭：祭四时之坛。　[5]坎坛：古代挖地为坎，累木为坛。坎以祭寒、月等神，坛以祭暑、日等神。[6]王宫：古时祭日神的祭坛。　[7]夜明：祭祀月神的祭坛。[8]幽宗：祭星之称。宗：当作"(yǒng)"。"雩宗"的"宗"同。[9]雩(yú)宗：禳水旱之祭。

译文

在泰坛上焚烧牺牲和币帛来祭祀天，在泰折上埋物来祭祀地。用赤色的牛犊祭祀。在泰昭下埋下少牢来祭祀时，挖坑累木来祭祀寒暑。在王宫祭祀日，在夜明祭祀月。在幽宗祭祀星辰，在雩宗祭祀水旱。在四方挖坑累木，祭祀四方之神。山川、树林、丘陵、深谷能生出云气，化为风雨，出现奇怪的事物，这些都叫做神灵。拥有天下的人祭祀百神。诸侯如果在自己的封国就祭祀，丢失自己的封国就不祭祀。

大凡生于天地之间皆曰命,其万物死者皆曰折,人死曰鬼,此五代之所不变也。七代之所更立者,禘、郊、祖、宗,其余不变也。

(选自《礼记·祭法第二十三》)

译文

凡是生长在天地之间的事物都叫做生命,生长在天地之间的生命死去了都叫做折,人去世了叫做鬼,这是上古五代不变的(称谓)。七代祭祀有变动的只是禘、郊、宗、祖的对象,其他的都没有变化。

文史链接

夏、商、周三代起源传说

夏代是目前可考的我国最早的朝代,相关的考古材料和传世记载也很少。据史书记载,夏族是长期活动在中原地区的姒姓部落。早在尧时,禹的父亲鲧就帮助帝尧治水,可是接连几年的治理都控制不了洪水泛滥。尧去世,传位给有贤德的舜,舜巡狩时见鲧治水没有取得成功,便下令将鲧处死。但水患仍在泛滥,有人向舜推举了鲧的儿子禹,舜同意了众人的推荐,并对禹说:"你

夏禹治水

要尽心去平治水土,并以此作为你的勉励。"禹领命之后,兢兢业业,一改以前堵塞治水的方法,改为疏通,取得了治水的胜利。禹在治水过程中,在外面居住十三年,三过家门而不入,这在后世传为了美谈。禹的贤能为天下人称道,舜便将王位传给了禹。按照《史记·夏本纪》的记载,禹是黄帝的玄孙、帝喾的孙子,也就是说,夏代的王族仍然是黄帝的苗裔。

商代的材料相比夏代多了不少,不仅有传世文献,还有不少出土材料。并且,商代有文字资料留存下来,也就是刻写在龟甲或兽骨上的甲骨文。大批甲骨文的出土,为我们揭开商代的神秘面纱提供了十分可靠的第一手材料。关于商代起源的问题,史书最早记载的是一位名为简狄的女性。简狄是有娀氏部落的女儿,嫁给了帝喾为妃子。相传有一日,简狄一行三人到河边沐浴,吞食了玄鸟(燕子)的卵而有孕,生下了商族的第一位男性始祖契。《诗经·商颂·玄鸟》中就有"天命玄鸟,降而生商"的诗句。早在禹时,契辅佐治水有功,禹将他及他的族人分封在商这个地方,并赐姓子氏。透过史书的记载,我们不难发现,商代的王族也是黄帝的苗裔。

  周代起源有一个与商代类似的传说。据史书记载,周代的女性始祖是一个名叫姜嫄的女性,她来自有邰氏部落,也是帝喾的妃子。有一日姜嫄去野外,在巨人留下的足迹上行走之后便有孕生子。姜嫄以为这个孩子不是祥瑞,于是将他抛弃了。但是不论姜嫄将这个孩子遗弃在什么地方,这个孩子都有万物照拂。见此情状,姜嫄觉得这个孩子可能是神明,于是就将其捡回来抚养,并给孩子起名叫做弃。弃是周族见于史册的第一位男性始祖,按照史书记载,弃是帝喾的儿子,也是黄帝的苗裔。

思考讨论

1. 古人为什么要燔柴祭天、瘗埋祭地?
2. 说说你对夏禹这个历史人物的认识。

祭　义

  祭不欲数[1],数则烦[2],烦则不敬。祭不欲疏[3],疏则怠[4],怠则忘。是故君子合诸天道,春禘,秋尝[5]。霜露既降,君子履之[6],必有凄怆之心,非其寒之谓也。春雨露既濡,君子履之,必有怵惕之心[7],如将见之。乐以迎来,哀以送往,故禘有乐而尝无乐。

注释

[1]数:次数频繁。　[2]烦:苦闷,烦乱。　[3]疏:事物之间空隙大,此处指祭祀次数少。　[4]怠:懒惰,松懈。　[5]尝:秋祭先王曰尝。　[6]履:践踩,走过。　[7]怵(chù)惕:恐惧警惕。

译文

祭祀的次数不能太频繁,次数太频繁了就会烦乱,烦乱了就会不尊崇。祭祀的次数不能太少,次数太少了就会怠慢,怠慢了就会忘记。因此君子祭祀要符合天道,春天举行禘祭,秋天举行尝祭。天气已经行霜露,君子在这样的氛围中行走,必定有凄惨悲哀的心境,但并不是因为霜露而感觉到寒冷。春天雨露已经将大地浸润,君子在这样的氛围中行走,必定有恐惧警惕的心境,就好像将要见到已故的亲人。欢乐是用来迎接到来的事物的,悲伤是用来送走要走的事物的,因此禘祭有音乐而尝祭没有音乐。

君子生则敬养[1],死则敬享[2],思终生弗辱也。君子有终身之丧,忌日之谓也[3]。忌日不用,非不祥也[4],言夫日志有所至,而不敢尽其私也。

注释

[1]敬养:恭敬地奉养父母。　[2]敬享:恭敬地祭祀死去的父母。　[3]忌日:父母离世的日子。　[4]祥:吉利。

译文

君子在父母活着的时候要恭敬地奉养父母,在父母去世后要恭敬地祭祀父母,思慕着终生都不会让父母受辱。君子一生都有丧事,这说的是父母的忌日。在父母的忌日里不做事,不是因为忌日不吉利,而是这天孝子的心念全部集中在对死去父母的悼念上,不敢尽自己的私意去办其他事。

子曰:"立爱自亲始,教民睦也;立教自长始[1],教民顺也。教以慈睦[2],而民贵有亲;教以敬长,而民贵用命。孝以事亲,顺以听命[3],错诸天下[4],无所不行。

(选自《礼记·祭义第二十四》)

注释

[1]立:确立。 [2]睦:和好,亲近。 [3]顺:服从,不违背。 [4]错:通"措",筹划办理。

译文

孔子说:"确立爱心要从父母开始,这是教导人们和睦;确立教化从长辈开始,这是教导人民顺从。用慈爱和睦教导人民,人民就会以亲情为贵;用恭敬长辈来教导人民,人民就会以听从命令为贵。用孝来侍奉父母,用顺来听从命令,推广到天下实施,没有地方是不能施行的。"

文史链接

忌日小识

《礼记·祭义》云:"君子有终身之丧,忌日之谓也。"郑注:"忌日,亲亡之日。"由此可知,忌日是指父母双亲离世的日子。儒家倡导为双亲服三年之丧,三年之丧结束后,孝子便除去丧服,离开服丧期间居住的倚庐,开始正常的生活。但是,三年之丧结束,并不意味着孝子对死去双亲的哀情也随之消失。《礼记·丧服四制》有云:"此丧之所以三年,贤者不得过,不肖者不得不及。"即便三年丧结束,有贤德的孝子对其亡父母的哀情仍不减半分。但儒家为了保证孝子的健康,用丧礼来节制孝子的哀情。

孝子对死去双亲的哀慕和思念一直存在。三年丧结束后,每逢父母忌日,孝子便不饮酒作乐,以此表示对亡世双亲的思念。丧服虽除,但对亡世双亲的哀情依然存在。因此,《礼记·祭义》说:君子的一生都有丧事,说的就是忌日。每逢忌日,孝子的心情都在对亡故父母的怀念中,不去做自己的事情。旧时迷信地认为忌日是不吉利的日子,不能做其他事情,这是错误的。君子忌日不用事,正体现出儒家以孝治国的观念和孝亲的传统美德。

思考讨论

1. 谈谈你对"祭不欲数"和"祭不欲疏"的认识。

2. 礼规定三年之丧结束后,孝子就要脱去丧服,开始正常的生活。既然如此,为什么君子还会有"终身之丧"呢?

祭　统

贤者之祭也,必受其福[1],非世所谓福也。福者,备也。备者,百顺之名也,无所不顺者谓之备。言内尽于己,而外顺于道也。忠臣以事其君,孝子以事其亲,其本一也。上则顺于鬼神,外则顺于君长,内则以孝于亲,如此之谓备。唯贤者能备,能备然后能祭。是故贤者之祭也,致其诚信与其忠敬,奉之以物,道之以礼,安之以乐,参之以时,明荐之而已矣[2],不求其为,此孝子之心也。

祭者,所以追养继孝也。孝者,畜也。顺于道,不逆于伦[3],是之谓畜。是故孝子之事亲也,有三道焉:生则养,没则丧,丧毕则祭[4]。养则观其顺也,丧则观其哀也,祭则观其敬而时也。尽此三道者,孝子之行也。

(选自《礼记·祭统第二十五》)

注释

[1]受:接纳别人给的东西。 [2]明荐:祭祀时进献时物。[3]伦:人伦,伦理。 [4]毕:结束。

译文

贤德之人的祭祀,必定接受上天赐予的福,这不是世俗所说的福。贤者的福,就是备。所谓备,是凡事都顺的意思,没有不恭顺的叫做备。说话向内尽自己的意愿,向外恭顺于道义。忠臣来侍奉君主,孝子来供养父母,二者的根本是一致的。在上可以顺应鬼神的意志,在外可以顺应国君和上级的意志,在内要孝顺双亲,像这样就叫做备。只有贤德的人可以备,可以备之后就可以祭祀。因此贤德之人的祭祀,表达内心的诚实信用和忠顺恭敬,用祭物来奉养,用礼仪来引导,用音乐来安抚,参照时节,进献时物,不为求得神的赐予,这就是孝子的心意。

祭祀,就是继续奉养双亲以尽孝道。所谓孝,就是畜。顺从道义,不悖逆人伦,这就叫做畜。因此孝子侍奉双亲,有三条规则:父母在世的时候要奉养,父母去世了要为父母举行丧礼,丧礼结束了要将死去的父母供奉在宗庙里祭祀。奉养父母能观察孝子是否恭顺,为父母举行丧礼能观察孝子是否有哀情,祭祀父母能观察孝子是否恭敬适时。尽心遵守这三条规则,这就是孝子的行为。

文史链接

孝女缇萦

据《史记·文帝本纪》记载,汉文帝十三年夏五月,"齐太仓令淳于公有罪当刑,诏狱逮徙系长安。太仓公无男,有女五人。太仓公将行会逮,骂其女曰:'生子不生男,有缓急非有益也!'其少女缇萦自伤泣,乃随其父至长安,上书曰:'妾父为吏,齐中皆称其廉平,今坐法当刑。妾伤夫死者不可复生,刑者不可复属,虽复欲改过自新,其道无由也。妾愿没入为官婢,赎父刑罪,使得自新。'书奏天子,天子怜悲其意,乃下诏曰:'盖闻有虞氏之时,画衣冠异章服以为僇,而民不犯。何则?至治也。今法有肉刑三,而奸不止,其咎安在?非乃朕德薄而教不明与?吾甚自愧。故夫驯道不纯而愚民陷焉。诗曰:恺悌君子,民之父母。今人有过,教未施而刑加焉,或欲改行为善而道毋由也。朕甚怜之。夫刑至断肢体,刻肌肤,终身不息,何其楚痛而不德也,岂称为民父母之意哉!其除肉刑。'"

　　这就是为后世所称颂的"缇萦救父"。缇萦之父淳于意因行医得罪了达官，被诬下狱。临行前他痛斥自己的五个女儿不能为父分忧，并悔恨自己没有生儿子。淳于意的小女儿缇萦随父西到长安，上书文帝，文帝感念其悲悯，便下诏废除肉刑。古人认为"身体发肤，受诸父母"，随意毁伤便是不孝。肉刑摧残肢体，损毁容貌，与古人追慕三代之以德孝治天下之旨相背离。汉初百废待兴，受肉刑者轻则丧失劳动能力，重则殒命。若刑狱繁多，不仅不利于人口增殖，更影响农业生产。文帝对废除肉刑之事早有打算，缇萦上书则为文帝的这个打算提供了契机。缇萦以一介民女身份，可以直接向当朝皇帝上书，皇帝竟然接受了她的想法，这是非常可贵的。

思考讨论

谈谈你对孝子事亲之"三道"的理解。

第六章　其　他

月　令

　　是月也,天气下降,地气上腾,天地和同,草木萌动。王命布农事[1],命田舍东郊[2],皆修封疆[3],审端经术[4],善相丘陵、阪险、原隰[5],土地所宜,五谷所殖,以教道民,必躬亲之。田事既饬[6],先定准直[7],农乃不惑[8]。

注释

　　[1]布:宣告,做出安排。此处指君王对农事做出安排。[2]田:主管农事的官员。舍:名词作动词用,住在某地。　[3]封疆:分封土地的疆界。　[4]审端:检查修正。经:划分土地。术:通"遂",一万两千五百家为遂。　[5]善相:好好地查看判断。阪险:斜坡与山泽。原隰(xí):平原和地势低下的地方。　[6]饬(chì):整顿,整治。　[7]准直:准绳。　[8]惑:疑惑。

译文

这个月里,天空之气下降,大地之气上升,天地的气混合,花草树木开始萌芽。天子下令安排农事,命令主管农事的官员住在东郊,修饬边境疆界,检查修正田地划分,好好地查看丘陵、斜坡和山泽、平原和低地,思量土地适合种什么样的植物,五谷适合长在什么样的土地上,把这些教给人民,(官员)一定要亲自做这些事。田里的事情已经整治好,先定下准绳,农人就不会迷惑。

是月也,命乐正入学习舞[1],乃修祭典,命祀山林川泽[2],牺牲毋用牝[3]。禁止伐木,毋覆巢[4],毋杀孩虫、胎、夭、飞鸟[5],毋麛、毋卵[6],毋聚大众,毋置城郭,掩骼埋胔[7]。

(选自《礼记·月令第六》)

注释

[1]乐正:掌管音乐的官员。　[2]祀:祭祀。　[3]牝(pìn):雌性的鸟或兽。　[4]覆巢:倾毁鸟巢。　[5]夭:已经出生的事物。　[6]麛(mí):幼鹿。　[7]骼:人或动物的骨骼。胔(zì):带腐肉的尸骨,也指腐烂的肉。

译文

这个月里，命令掌管音乐的官员进入太学学习舞蹈，修订祭祀的典籍，命令祭祀山林川泽的神灵，祭祀用的牺牲不可用母兽。禁止砍伐树木，不要毁坏鸟巢，不要杀死幼小的虫子、未出生的动物、已出生的动物和飞鸟，不要捕杀幼鹿，不要取动物的卵，不要聚集大众，不要修城盖房子，路上看见腐烂的尸骨就把它埋起来。

文史链接

古代历法小常识

一年分为春夏秋冬四时，后来又按夏历正月、二月、三月等十二个月依次分为孟春、仲春、季春，孟夏、仲夏、季夏，孟秋、仲秋、季秋，孟冬、仲冬、季冬。这些名称，古人常用作相应月份的代称。《楚辞·哀郢》"民离散而相失兮，方仲春而东迁"，就是指夏历二月说的。但在商代和西周时期，一年只分为春秋二时，所以后来称春秋就意味着一年。《庄子·逍遥游》"蟪蛄不知春秋"，意思是蟪蛄生命短促不到一年。此外，史官所记的史料在上古也称为春秋，这是因为"史之所记必表年以首事"（见杜预《春秋序》）。旧说春秋犹言四时（《诗经·鲁颂·宫》郑玄笺），错举春秋以包春夏秋冬四时（杜预《春秋序》、孔颖达《正义》），似难置信。后来历法日趋详密，由春秋二时再分出冬夏二时，所以这些古书所列的四时顺序不是"春夏秋冬"，而是"春秋冬夏"，这是值得注意的。例如《墨子·天文志》"制为四时春秋冬夏，以纪纲之"，《管子·幼官图》"修春秋冬夏之常祭",《礼记·孔子闲居》"天有四时,春秋冬夏",等等。

思考讨论

1. 文中所说的"是月"是哪一个季节?说说你的理由。
2. 这个季节祭祀的牺牲为什么不可用"牝"?
3. 你认为文中的做法合理吗?说说你的理由。

明堂位

昔殷纣乱天下,脯鬼侯以飨诸侯[1],是以周公相武王以伐纣[2]。武王崩[3],成王幼弱,周公践天子之位以治天下[4]。六年,朝诸侯于明堂[5],制礼作乐,颁度量而天下大服。七年,致政于成王。成王以周公为有勋劳于天下,是以封周公于曲阜,地方七百里,革车千乘,命鲁公世世祀周公以天子之礼乐。是以鲁君孟春乘大路[6],载弧韣旗十有二旒[7],日月之章,祀帝于郊,配以后稷,天子之礼也。

(选自《礼记·明堂位第十四》)

注释

[1]鬼侯:或作"九侯",商代的诸侯。　[2]相:相助,辅佐。[3]崩:古时君主去世称为崩。　[4]践:登基,履行职责。[5]明堂:明堂为帝王祭祀、朝见诸侯、宣明政教之所。　[6]孟春:四时的第一个月。春夏秋冬之第一个月称孟,第二个月称仲,第三个月称季。　[7]弧韣(dú):张旌旗正幅的竹弓和弓衣。旒:旗子下面垂悬的饰物。

译文

从前殷纣使天下大乱,把鬼侯杀死做成肉酱给诸侯们吃,因此周公旦辅佐武王讨伐商纣。武王去世,儿子成王年纪尚小,周公旦履行天子的职位来治理天下。成王六年,周公召集各诸侯来明堂里宣明政教,制作礼仪音乐,颁布度量衡,天下都顺服了。成王七年,周公还政给成王。成王因为周公对天下有功劳,所以将周公分封在曲阜,封国地方七百里,兵车千乘,命令鲁国国君世世代代用天子的礼仪音乐来祭祀周公。因此鲁国国君孟春乘坐着大路这样的车子,车上插着带有十二个垂饰的旗帜,旗帜上绘着日月的团,在郊外祭祀上帝,用后稷配祭,这是天子的礼仪。

文史链接

周公旦小故事

周公旦,姬姓,是周文王姬昌的第四子,也是周武王姬发的同母弟。周公旦是一个具有传奇色彩的历史人物,他辅佐周武王得天下,代替年幼的周成王执掌国政,并制礼作乐。孔子推崇他,尊他为古代圣人。后世的君王仰慕他的功业,曹操《短歌行》中"周公吐哺,天下归心"一句,就道出了周公旦对周朝政权的影响。那么,周公旦究竟是个怎样的历史人物呢?让我们通过几个小故事来认识一下他。

周公摄政

周公旦辅佐周武王灭商、建立周朝不久,武王就病逝了。武王的儿子诵即位,即成王。周朝刚刚消灭商纣取得政权,其统治还不稳固。周公旦担心年幼的成王难以应付这样的局面而葬送了得来不易的天下,遂代替成王执掌政权。周公旦既不是武王的后嗣,又不是文王的长子,他代行国政遭到管叔、蔡叔、霍叔等人的猜忌和质疑。于是,管叔、蔡叔、霍叔联合商纣王的儿子武庚和东方的徐、奄等国密谋反叛。事情败露,周公奉成王之命举兵东征,平定了这次叛乱,杀死了武庚和管叔,流放了蔡叔,并将微子开封于殷商故地,建立宋国。这次征伐便是周朝开国后的第二次东征。据史书记载,周公代行国政七年,成王年长之后,周公便将政权归还给成王,自己"北面就群臣之位"(《史记·周本纪》)了。

周公制礼乐

礼有几层含义,其中之一便是区别等级贵贱的一套制度,乐与礼相配套,对礼的等级性进行了一定程度上的调和,而类似这样的制度可能在夏代就已经存在,只是不甚完善。商代的这一套制度应该就比较完善了。周取而代商,正如史书所记载的那样,为了宣示自己的政权是合理合法的,新的统治者都要做一些类似"改正朔,易服饰"的举措。周公旦辅佐武王开国,继而代年幼的成王摄政,为了周政权的稳定,周公在前朝的基础上,结合周族的传统和面临的实际情况,制定出一套符合实际的礼乐制度。

思考讨论

1. 谈谈你对"武王伐纣"这个历史事件的认识。
2. 周公用天子之礼是否僭越?为什么?

文王世子

《世子》之《记》曰:"朝夕至于大寝之门外[1],问于内竖曰[2]:'今日安否?何如?'内竖曰:'今日安。'世子乃有喜色。其有不安节[3],则内竖以告世子,世子色忧,不满容。内竖言'复初'[4],然后亦复初。朝夕之食上,世子必在,视寒暖之节。食下,问所膳。羞[5],必知所进,以命膳宰[6],然后退。若内竖言'疾'[7],则世子亲齐[8],玄而养[9]。膳宰之馈[10],必敬视之;疾之药,必亲尝之。尝馔善,则世子亦能食;尝馔寡,则世子亦不能饱。以至于复初,然后亦复初。"

(选自《礼记·文王世子第八》)

注释

[1] 大寝:指路寝。天子诸侯的正寝,治事之处。 [2] 内竖:职官名。掌管宫中传达小事的职责。 [3] 安节:遵守一定的节度。 [4] 复初:恢复到当初的样子。 [5] 羞:进献食物。 [6] 膳宰:职官名。掌管宰割牲畜以及膳食之事。 [7] 疾:病。 [8] 齐(zhāi):斋戒。 [9] 玄:指玄端。 [10] 馔:饮食。

译文

《世子》的《记》文记载:"世子每天早晚都要到达天子正寝的大门外,问掌管小事的人:'我的父亲今天一切都安好吗?今天怎么样呢?'掌管小事的小臣说:'今天天子一切都安好。'世子于是面露喜色。如果天子有不舒服的地方,小臣就告诉世子,世子面色忧虑,不像平时神态安乐。小臣说'天子恢复了,和往常一样了',听到这话之后世子才能恢复到以前的样子。早晚呈送的食物,世子必须要亲临视察,观察食物的冷热。食物撤下来后,世子要问天子吃得怎么样。为天子呈送食物,世子必须知道呈送的是什么食物,以此来命令掌管膳食的官员,然后才退下去。如果小臣说天子生病了,那么世子要亲自斋戒,着玄端服为父亲养病。膳宰做的饭菜,世子一定要亲自视察;治疗疾病的药,世子一定要亲自尝。天子的饭量日渐增多,那么世子也就吃得多;天子的饭量日渐减少,那么世子也不能吃饱。一直要等到天子一切恢复如初,这样之后世子便也可以恢复如初了。"

文史链接

周文王小故事

　　周文王,姬姓,名昌。古公亶父孙,季历子。古公亶父有三个儿子,分别是长子太伯、次子虞仲、三子季历。季历娶了挚任氏的女儿太任,生了儿子昌。昌出生的时候有祥瑞之兆,古公亶父遂说:"我们周国应该会兴盛吧,难道这个重任会落在昌的肩膀上吗?"听了这番话,太伯和虞仲明白了古公的用意,古公是想通过立季历为王而将王位传给昌。两兄弟既知晓了父亲的用意,不愿父亲为难,便文身断发,去了荆蛮之地。

　　古公亶父崩逝后,果然将王位传给季历。季历为王勤谨,继承了古公治理天下之道,顺民意,行仁义,诸侯们纷纷前来归顺。季历去世,将王位传给了昌,称为西伯。昌继承了先祖的遗业,遵行其祖、父订立的原则,笃行仁义之事,敬养孤寡,存蓄老幼,礼贤下士,"日中不暇食以待士"。贤德之人听闻西伯如此,纷纷前来归顺。伯夷和叔齐、散宜生、辛甲大夫等贤士听闻西伯的德行,纷纷前来归顺。在西伯的苦心经营下,周国的国力日渐强盛。

　　不料,西伯治国的事传到了商纣王耳朵里。崇侯虎私下里在商纣王面前告了西伯的状,说:"西伯积善累德,诸侯们都归顺了他,窃以为这将对大王您不利啊!"商纣王听了崇侯虎的谗言,将西伯囚禁在羑(yǒu)里。在羑里的时候,西伯将八卦易为六十四卦。西伯的大臣们害怕纣王杀死西伯，于是带了美女、宝马和奇珍异宝去献给纣王，要求纣王释放西伯。纣王看见礼物，说："这些珍宝足以换走西伯。"于是赏赐西伯弓箭斧钺，准其归国。

西伯归国后背着纣王行仁政，诸侯们都说西伯是受上天之命的天子。西伯去世后，子发继位，即周武王。武王追谥了自己的父亲，并完成父亲的遗愿，灭了商朝。文王在位五十年，行仁义，拓疆土，为周灭商做了准备。

思考讨论

1. 世子是怎样对自己的父亲尽孝的？
2. 谈谈你对世子"乃有喜色"和"色忧，不满容"的理解。

内　则

子事父母[1]，鸡初鸣，咸盥漱[2]，栉[3]，继[4]，笄[5]，总[6]，拂髦[7]，冠，緌缨[8]，端，韠[9]，绅[10]，搢笏[11]。左右佩用：左佩纷帨、刀、砺、小觿、金燧[12]，右佩玦、捍、管、遰、大觿、木燧[13]。偪[14]，屦着綦[15]。

注释

[1]事:侍奉。 [2]咸:全,都。盥漱(shù):洗脸刷牙。[3]栉(zhì):梳头。 [4]縰(xǐ):古代用来束发的布帛。[5]笄(jī):绾头发的簪子。 [6]总(zǒng):束头发。 [7]拂髦(máo):去掉头发上的尘土。拂:去尘。 [8]緌(ruí):古时帽带打结后垂下的部分。缨:用线或绳做的装饰品。 [9]韠(bì):蔽膝,古代一种遮蔽身前的皮制服饰。 [10]绅:古代束腰的带子。[11]搢笏(jìn hù):古代的衣服没有口袋,将笏插在腰带上叫做搢笏。 [12]纷帨(shuì):擦拭物品的佩巾。砺:粗磨刀石。小觿(xī):古代用象骨制作的锥状用具。金燧(suì):古代向日取火的铜制工具,形状像镜子。 [13]玦:半环形有缺口的佩玉。捍:也叫做拾,皮制的臂衣,射箭时套在左臂上。管:钥匙。遰(dì):刀鞘。大觿:古代用于解结的锥状用具。木燧:木质钻取火种的用具。[14]偪(bī):裹腿。 [15]綦(qí):鞋带。

译文

孩子侍奉父母,早晨鸡刚刚鸣叫了,就都要起来洗脸刷牙,梳头,用布帛将头发束住,用簪子将头发绾起来,束住头发,拂去头发上的尘土,带上冠,把冠带打结后自然下垂,再带上线绳做的装饰品,穿上玄端服,带上蔽膝,系上腰带,将笏板插在腰间。左右佩带的用品有:左边佩带擦拭物品的佩巾、小刀、粗磨刀石、小锥子、铜制取火的镜子;右边佩带半环形有缺口的佩玉、皮制的臂衣、钥匙、刀鞘、用来解结的大锥子、木制取火工具。缠上裹腿,鞋要系好鞋带。

妇事舅姑[1],如事父母。鸡初鸣,咸盥漱,栉,縰,笄,总,衣绅。左佩纷帨、刀、砺、小觽、金燧。右佩箴、管、线、纩[2],施縏袠[3];大觽、木燧。衿缨[4],綦屦。

(选自《礼记·内则第十二》)

注释

[1]舅姑:公婆。 [2]箴(zhēn):针。纩:棉絮。 [3]縏(pán)袠(zhì):泛指装针线等物品的囊袋。 [4]衿缨:戴着香囊。

译文

媳妇侍奉公婆,要像侍奉自己的父母一样。早晨鸡刚刚鸣叫,就都要刷牙洗脸,梳头,用布帛束发,用簪子将头发绾起来,将头发束好,穿好衣服,系上腰带。左边佩带擦拭物品的配巾、小刀、磨刀石、小锥子、铜制取火用具。右边佩带针、钥匙、线、棉絮,这些都放在装针线的小袋子里;大锥子,木制取火用具。戴上香囊,系好鞋带。

🎋 文史链接

拜见舅姑

舅姑是古代对公公婆婆的称呼。婚礼次日的清晨,新娘早早起身沐浴,穿戴整齐后,以新妇的身份拜见公公婆婆。公公以主人的身份在阼阶上即席,婆婆以内主的身份在房门外的西侧即席。新娘捧着盛着枣、栗的竹篮,提梁上覆盖着巾,从西阶上堂,到公公席前行拜见礼,礼毕,将竹篮放在席上。公公抚摸竹篮,表示收下礼物。新娘又到婆婆席前行拜见礼,然后将另一只盛着干肉的竹篮放在席上。婆婆举起竹篮,表示收下礼物。接着,赞礼者代表公婆用醴酒向新娘致礼,表示接纳新娘为家庭正式成员。

之后,新娘向公婆"馈特豚",就是进献一只煮熟的小猪。小猪经左右对剖之后,先一起放入鼎中,食前取出,分别盛放在公公婆婆的俎上。"馈特豚",是表示新娘开始以媳妇的礼节孝敬公婆。最后,公婆设食款待新娘以及女家有司等人,并赠给礼物。礼毕,公婆从西阶下堂,新娘从东阶下堂,这里含有"著代"的意思,表明新娘从此代替婆婆成为家庭的主妇。

🌸 思考讨论

1. 归纳子女侍奉父母、媳妇侍奉公婆应做的事情。
2. 结合自己的实际情况,和同学们分享你为父母亲做过的一些事情,并谈谈你认为孝顺父母应该怎样做。

乐 记

乐者为同,礼者为异。同则相亲,异则相敬。乐胜则流[1],礼胜则离。合情饰貌者,礼乐之事也。礼义立,则贵贱等矣。乐文同,则上下和矣。好恶著,则贤不肖别矣。刑禁暴,爵举贤,则政均矣。仁以爱之,义以正之,如此则民治行矣。

注释

[1]流:没有规矩,忘乎尊卑等级。

译文

音乐有调和的作用,礼仪有区别的作用。调和了就亲近,区别了就恭敬。音乐胜过礼仪就会忘乎尊卑,礼仪胜过音乐就会上下相离。调和表情装饰容貌,这是礼仪和音乐做的事情。礼仪的意义确立了,那么贵贱等级就能区分。音乐的形式和同乐,那么上下就调和了。好和坏明确了,那么贤德和不肖就能区别开来。处罚禁止暴虐,奖赏举荐贤人,那么政治就清明了。用仁德的心来爱护,用道义来端正,这样就能把民众治理好。

乐由中出，礼自外作。乐由中出故静，礼自外作故文。大乐必易，大礼必简。乐至则无怨，礼至则不争。揖让而治天下者，礼乐之谓也。暴民不作，诸侯宾服[1]，兵革不试，五刑不用，百姓无患，天子不怒，如此则乐达矣。合父子之亲，明长幼之序，以敬四海之内，天子如此，则礼行矣。

（选自《礼记·乐记第十九》）

注释

[1]宾服：臣服。

译文

音乐由内心发出，礼仪从外部制作。音乐由内心发出因此安静，礼仪从外部制作因此有仪节。大音乐一定是平易的，大礼仪一定是简朴的。音乐来了就没有怨恨了，礼仪来了就不互相争斗了。相互谦让而治理天下，说的就是礼仪和音乐。暴乱的民众不作乱，诸侯都臣服，兵车不拿出来使用，各种刑罚都不拿出来用，百姓没有忧患，天子不愤怒，像这样，音乐的目的就达到了。调和父子之间的亲情，辨明长幼的次序，来让天下的人互相尊敬，天子如果是这样的，礼仪就推行开来了。

文史链接

古代乐律简介

我国音乐的历史十分悠久,在日常生活和祭祀场合,音乐与礼搭配,共同构成了我国古代的礼乐体系。我国古代的乐律有五音、十二律。五音又称五声,分别是宫、商、角(jué)、徵(zhǐ)、羽,相当于现代音律中的1、2、3、5、6。十二律从低到高分别是黄钟、大吕、太簇、夹钟、姑洗(xiǎn)、仲吕、蕤(ruí)宾、林钟、夷则、南吕、无射、应钟。十二律按奇偶可分为阴阳两类:属奇数的黄钟、太簇、姑洗、蕤宾、夷则、无射称为阳律,也叫六律;属偶数的大吕、夹钟、仲吕、林钟、南吕、应钟称为阴律,也叫六吕。

音律不仅是美妙古曲的基础,古人还将五音与五行、五脏、五方、五色、五味等相配,十二律与干支、月份等相配,共同构成一套完密复杂的体系。《礼记·月令》将十二律分别与十二月对应:孟春之月,律中太簇;仲春之月,律中夹钟;季春之月,律中姑洗。孟夏之月,律中仲吕;仲夏之月,律中蕤宾;季夏之月,律中林钟。孟秋之月,律中夷则;仲秋之月,律中南吕;季秋之月,律中无射。孟冬之月,律中应钟;仲冬之月,律中黄钟;季冬之月,律中大吕。

思考讨论

谈谈你对"乐者为同,礼者为异"的理解。

跋：古典的回归与文化自觉

子曰：温故知新。人类历史的发展，每至偏执一端，往而不返的关头，总有一股新兴的返本运动继起，要求回顾过往的源头，从中汲取新生的创造力量。中国，如今正处在这样一个历史大转型的关头。在这样的关头，如果没有一种共同的、并能包容各种文化的价值观作为基础是很难想象的。而且，只有在一个共同的价值观上我们才能共同面对挑战，也才会有道德力量去应对世界的变化。

中国近十几年来自民间发起，逐渐发酵并至官方响应并积极作为的传统文化复兴运动，正是这样一种探究。在回归古典、寻找本源的启示中重新建构我们的伦理共识与文化认同。倡导多读古典，就是为了懂得聆听来自中华民族文化根源的声音，只有我们更加懂得向历史追问，才能够清醒地直面当世的困惑。在往圣先贤几千年来留给我们的文化资源、精神矿藏中，扩展我们的心量，从中获得历史的智慧与前行的方向。

我们深刻体悟到：要推动这项艰巨工程，在全日制中小学校常态教学中嵌入古典教育是关键。经过多年的研究、论证，邀请全国十几所高校各个研究领域的专门学人参与，最终编选了二十七册"新编国学基本教材"。从《三字经》《千家诗》等孩童启蒙读物开始，到《诗经》《论语》《左传》《孟子》《大学 中庸》《礼记》等的精研，由浅入深、循序渐进，以期一学期有一册在手，或自修、或教师讲授皆宜。当然，学古典是为了复苏我们的历史文化记忆，接续历史文化传统，其关键是在"传"，而不在"统"。因此，这套"新编国学基本教材"涵盖面较广，既有儒家的经典，也有老子、庄子、墨子、荀子、韩非子等诸子思想，还有唐诗、宋词等古代文学璀璨的明珠，史学巨著《史记》《左传》等也列入选读范围。

诚然，传统文化的传承与复兴，不是一味地"复古"，中国文化本来就是故去了的中国人生生创造之精神与物质的资产，在未来的行进中，中国文化也必然不是静态的、不变的，她是动态的、发展的、与时俱进的。我们希望广大使用这套国学教材的教师，能有这样的认知，在引导中小学生继承本民族既有的历史文化传统的同时，涵育他们全球化、现代化的视野与公民意识。中国文化拥有广阔的定义与视界，才能被全面欣赏与体认。

费孝通先生在晚年提出一个重要概念：文化自觉。他说：文化自觉是一个艰巨的过程，只有在充分认识自己的文化，理解并接触到其他多种文化的基础上，才有条件在这个正在形成的多元文化的世界里确立自己的位置，然后经过自主的适应，与其他文化一起，取长补短，共同建立一个有共同认可的基本秩序和一套多种文化都能和平共处、各抒所长、联手发展的共处原则。费老在他八十岁生日时还说过一句话："各美其美，美人之美，美美与共，天下大同"。我想，这应该是当代有思想的中国人在全球化的时代背景下，继承传统历史文化中应该具有的胸襟与格局。

这套丛书由武汉大学国学院院长郭齐勇教授指导并担任总顾问。武汉大学国学院院长助理孙劲松先生、向珂博士在筹组编者队伍时提供了真诚无私的帮助。此后又蒙秋霞圃书院奠基人、历史学家沈渭滨,语言学家李佐丰,古典文献学者骆玉明、汪涌豪、傅杰、徐洪兴、徐志啸等教授在谋篇布局上的悉心指点,形成了本套"新编国学基本教材"的框架。确定框架之后,我们邀请了武汉大学、复旦大学、华东师范大学、南开大学、中国传媒大学、中山大学、内蒙古师范大学、陕西师范大学、南通大学等高校人文学科中青年学人和江浙沪地区几位优秀的中小学语文教师参与编写。

"新编国学基本教材"书名,由章汝奭先生书写;汝奭先生唯一的弟子白谦慎教授学贯中西,长年旅居海外,其书法亦承文人字传统,欣然续题新编部分教材书名;丛书封面所使用的漫画由丰子恺先生后人特别友情提供;内文中部分汉画像插画由北京大学朱青生教授提供;画家李永源先生近耄耋之年,为这套丛书手绘了数十幅插画,浙江电子音像出版社也为本丛书提供了大量精美的插画;海上国画名家邵琦教授颇有古士人之风,欣然赠画梅兰竹菊四君子,使本书又多了几分审美的趣味……这是一部寄予无量深情的作品,所有的抬爱,都源于师长们对于中华文化的敬意与温情,在此深挚致谢。

本套丛书2013年1月由浙江古籍出版社首次出版。2015年由华东师范大学出版社再版。此次经过修订、重编,第三版由上海财经大学出版社出版。一套纯粹由民间力量发起的国学普及读物得以三次出版,在一定程度上说明出版社与读者朋友对这套书的肯定。在此,向浙江古籍出版社、华东师范大学出版社、上海财经大学出版社和读者朋友们表示感谢!

由于主持者与编者的学识有限,尽管悉心编校,但不足之处难免,敬请方家、读者指正。以便来年修订时,相应校正。

差错和建议可致电:021－66366439,13816808263。通信地址:上海市嘉定区南大街嘉定孔庙秋霞圃书院,邮政编码:201899,电子邮件:qiuxiapu@163.com。

李耐儒
戊戌孟夏于嘉定孔庙

不信試看千萬樹東風著
便成去
青藤小意
聽賢書屋邵　婿

也知造物有知己故遣
佳人在空谷
東坡先生句
漿貫書屋鄂
琦寫於海上

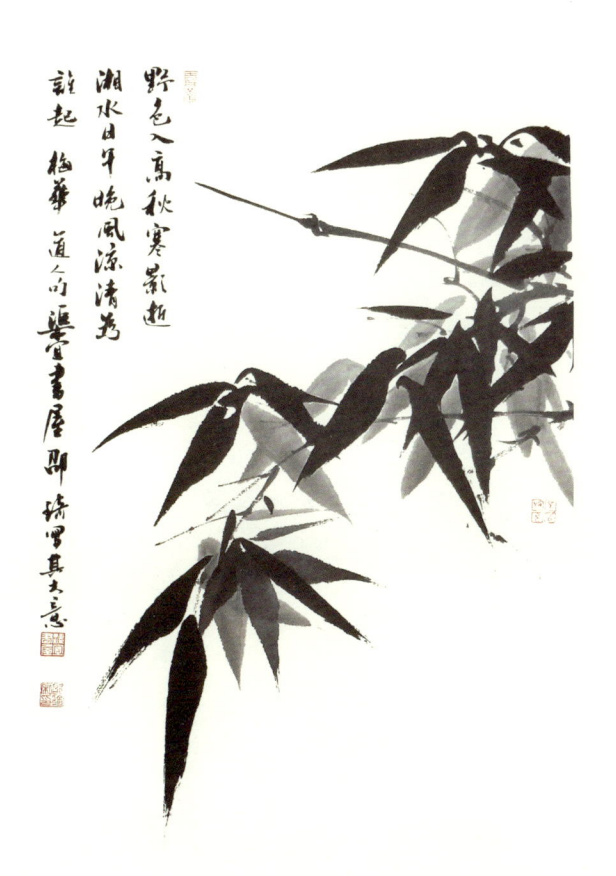

野色入高秋寒氣澌
湘水日午晚風涼清為
誰起枯華 道人句 藥堂書屋卽
橋軍其大意

一卷龍鍾消祀雨幾枝霜
菊共秋寒
南田先生句
滙賢書屋鄔橋